终极求职系列

终极求职信

写好求职信，提高求职成功率

[美] 马丁 · 耶特（Martin Yate） 著
张松洁 译

中信出版集团 | 北京

图书在版编目（CIP）数据

终极求职信：写好求职信，提高求职成功率 /（美）马丁 • 耶特著；张松洁译 . -- 北京：中信出版社，2020.9

（终极求职系列）

书名原文：Knock'em Dead Cover Letters: Cover letters and strategies to get the job you want

ISBN 978-7-5217-1882-9

Ⅰ . ①终… Ⅱ . ①马… ②张… Ⅲ . ①职业选择 Ⅳ . ① C913.2

中国版本图书馆 CIP 数据核字（2020）第 082222 号

终极求职信——写好求职信，提高求职成功率
（终极求职系列）

著　　者：［美］马丁 • 耶特
译　　者：张松洁
出版发行：中信出版集团股份有限公司
（北京市朝阳区惠新东街甲 4 号富盛大厦 2 座　邮编　100029）
承 印 者：中国电影出版社印刷厂

开　　本：880mm × 1230mm　1/32　　印　　张：11.5　　字　　数：188 千字
版　　次：2020 年 9 月第 1 版　　印　　次：2020 年 9 月第 1 次印刷
京权图字：01-2020-0044
书　　号：ISBN 978-7-5217-1882-9
定　　价：58.00 元

求职者的赞誉

几个月前，当我发现自己将由于公司收购而被解雇时，我开始找工作。通过采用作者的建议，我参加了几十次面试并收到了三份很好的工作邀请。作者的优质建议让我的求职之路好走多了。

——K.C.密苏里州圣路易斯

我于1994年毕业时就用到了“终极求职系列”，也是因为它，我现在当上了副总裁。感谢你！

——P.L.弗吉尼亚州诺福克

我的儿子昨天从大学给我打电话，急切地咨询我该如何帮助他的一个第一次参加面试的朋友。我的建议是什么呢？就是让儿子告诉这位朋友放下手里的事，马上去最近的书店买这套书。这套书助益匪浅，而且8年前帮助我获得了梦想的工作。它是到目前为止市面上关于面试最好的一套书。我对每个向我求助的人都极力推荐这套书。作为一名现任人力资源总监，我对此深有体会：任何人都不应该在没有一读再读这套内容丰富、引人入胜、极有帮助的书之前，就去参加面试。

——S.D. 宾夕法尼亚州费城

我失业四个月了，但在读了你的书后五个星期内，我就获得了四份工作邀请。

——S.K. 得克萨斯州达拉斯

因为采用了作者在书里讲述的技巧，我得到了令人难以置信的面试机会。这不仅给了我“迈进公司大门”所需要的工具，还给了我信心。我从来没想过我能在一个月内就锁定一个非常好的职位。

——B.G. 加利福尼亚州芒廷维尤

我非常感激这套书。有三本书我都读了，并采用了其中的方法。最终，我以几乎两倍于我目前收入的薪水获得了理想的工作！由于采用了作者的方法，我得到了四份工作邀请，真是难以抉择啊！

——C.Y. 新加坡

读了《终极求职信》一书，我重新撰写了我的简历，并寄给了大概8家公司。结果令人难以置信，我被其中一家公司雇用，并收到了其他几家公司的面试或入职邀请。整个求职过程只花了短短五个星期。

——J.V. 俄亥俄州代顿

这套书真是太棒了，它使我的年收入提高了几千美元，未来收入甚至更加可观，也使我和我的家人都受益匪浅。

——M.Z.密歇根州圣克莱尔海岸

在电视上看到作者之后，我决定订购这本书。作者关于如何推销自己的真知灼见帮我在我的行业中找到了新机会，否则这是无法实现的。

——E.M.新泽西州修特山

我只想说非常感谢这套书。我真心诚意地说，这套书改变了我的人生轨迹。

——P.B.英国伦敦

感谢这么精彩的书！我在尝试争取一个我离开了14年的行业里的职位之前，读了这套书，结果我去面试的第一家公司就给了我超预期的薪水。

——K.T.得克萨斯州休斯敦

我得到那个职位了！面试我的有三个人，而第三个人问的问题都是这套书里的。我都回答得很好！

——D.J.亚利桑那州斯科茨代尔

我虔诚地遵循这套书里的建议，获得了更多的薪水、更少的工作时长和更好的医疗保险，还争取到三周带薪休假的福利。我马上要开始新的工作了！

——A.B. 密苏里州路易斯

感谢作者在书里提供的所有非常有用的信息。我差不多失业一年了，我花了几乎8个月想找一个相似的职位。然后我很明智地买了这套书。两个月后，我接受了一个新职位。作者帮我把人生中最糟糕的一段经历变成一个美好的未来。

——L.G. 纽约州瓦特佛利特

我在搞砸了三次面试以后正好听说了你的书。我读了这套书，而后我又参加了两次面试。这两次面试的面试官都告知，我是最强的应聘者。我可能会拿到两份工作邀请！

——B.V. 新墨西哥州阿尔伯克基

我读了这套书，研究了作者对棘手问题的回答。在此之后，我在参加了第一次面试后就获得了工作邀请！面试官告诉我，我是她见过的最好的面试者！万分感谢作者写的这套书，我很庆幸认识了你。

——K.P. 得克萨斯州休斯敦

我刚写完一封三年前就想写的信：离开一家地狱公司的辞职信。多亏作者和《终极求职信》这本书，我已经收到并接受了一家大型跨国服务公司的很好的职位邀请。

——C.C. 佐治亚州亚特兰大

我发出了一大堆简历，什么回音也没有，而我拥有行业内顶尖的技术和经验。那时我对这个残酷的求职市场还没有做好准备。读了本书以后，我马上开始将书中的一些技巧用于实践。没什么回音变成了很多工作面试机会接踵而来，我都快跟不上节奏了！

——C.S. 伊利诺伊州芝加哥

就好像面试官也刚读过这套书似的！在失业一年多以后，我很感激地说，我已经得到了有史以来最好的工作。

——E.M. 夏威夷州火奴鲁鲁

每次借用书中学到的知识，我就能得到一份工作邀请！这套书太厉害了。感谢出版社，感谢作者。

——W.Z. 马里兰州哥伦比亚

我刚刚收到了我梦想中的一家杰出公司的工作邀请。感谢作者的真知灼见。我已经做好了工作的准备！

——T.C. 加利福尼亚州圣弗朗西斯科

前　言

在求职和招聘过程中的每一个阶段，书信都能帮你把那些话语难以表达的要点表达出来。采用我在本书中教你的这些策略和技巧，你就能使自己成为值得别人认真对待的人。

用书面语言推销自己是一项挑战，也很可能是你并不重视的一个方面，然而，这是一项非常必要的专业技能，把一封精心撰写的书信用在求职中能让你脱颖而出，还能让你更早跳出求职怪圈，或者更快重返工作岗位。

《终极求职信——写好求职信，提高求职成功率》已经帮助全世界数百万人写出各种各样强有力的求职信，让他们获得面试机会、增加竞争力并得到工作机会，也能帮你做到这些。

你能在本书中找到各种你能想到的找工作时需要的书信：给猎头、招聘经理和其他人的求职信，电话沟通以及会面后的跟进信件，社交式信件，叙旧信件，任职同意书，拒绝信，辞职信。

当你撰写并寄出一封信件时，对收信人来说，那封信就成了你本人。当你不在现场发声时，它将代你说话；它能把你带到招聘者或招聘经理面前；它能让你引人注目，让你作为应聘者不容被忽视。你在找工作期间寄出的信件还能为你开拓出另一片领域：让你在竞争激烈的就业市场中占据优势。本书中的 100 多封书信样例都是真实的信件，曾经在某些人的求职过程中发挥了作用。其中有些是我帮助人们撰写的，有些是职业规划教练、猎头、招聘经理和忠实的读者寄给我的（我很希望也能看到你写的信）。

电子邮件和传统信件

贯穿本书中的“邮件”、“信件”和“电子邮件”这些词是可以互换的，除非有特别说明。我们可通过电子邮件或传统信件寄送书面沟通文件。如今，大部分人主要采用电子邮件进行交流，不过，你也不应该忽视传统信件，因为一旦你做出其他求职者没做的事，你就能脱颖而出。

鉴于人们收到的传统信件不多了，如果你听从我的指引，找出了招聘者和招聘经理姓甚名谁，那么你便可以通过电子邮件发出你的简历，也可以采用传统信件的方式。你的信封会很显眼，让收信人能离开电脑屏幕休息一下。

我知道这听上去不靠谱，所以我给你举个例子。我把这个建议告诉了我在微软公司的一位客户。他反对说，他就职于一家行业领先的技术公司，如果用传统方式邮寄信件会显得很愚蠢。然后他叹了口气说：“好吧，你好像知道应该怎么做，那我就试一试吧。”在一个星期四，他寄出了五封信。接下来的星期三，他接到了三个回复的电话。华尔街的人们把“反其道而思之”称为“逆向思维”，像这样基于充分思考后的结果往往非同凡响……对了，其中的一个电话沟通直接令他找到了下一份工作。

一旦你把这个机智的小技巧整合进你在“终极求职系列”学到

的四步“出击”计划中，你得到面试的机会就能翻两番。

另一个技巧是，在用电子邮件给某人发送你的简历时，你同时附上一封求职信作为第二份文件。这意味着如果你的简历被打印出来传阅，你的求职信多半也会一并被打印出来。需要注意的一点是：绝不要把简历直接附在你的求职信后面做成一份文件。这样的话，求职信可能会获得关注，而简历却往往被忽视了。

什么时候必须采用传统信件的方式

在职业生涯中，有一种书信，你总是会排版并打印成一封传统信件的，那就是你的辞职信。这类书信十分重要，因为你的职业生涯的时间跨度可达 50 年以上，而你并不知道你在什么样的情况下可能会再次遇到谁，所以在离开一家公司时，你总会希望仍然保持良好的关系。

通过电子邮件辞职会被认为是一种冒犯，而且也很不专业。提出辞职必须由本人亲自来做，你会发现一封打印好的辞职信有助于缓解那种尴尬的境况。采用以下做法是最有技巧性且最不尴尬的：

- 把辞职信打印出来，装进一个信封里。
- 要求一次会面。会面可能马上就会进行，所以你一定要在要求会面之前准备好打印的信件。你要走进经理办公室，坐下，然后说：“我得给您这封信。”递出那封信，然后在经理读信的时候，你要坐好并保持安静。这封信能帮你讲出你在这种紧张气氛下难以启齿的话。

在本书后面，有一个部分就是措辞讲究的辞职信样例。如果你按照我的措辞建议撰写辞职信，接下来的对话就会更加顺利，并将着眼于如何交接工作。你也会因此被看作是一个做事沉着镇定且方法得当的专业人士，而不是怒气冲冲或者笨嘴拙舌的白痴，既然你不知道什么时候会再遇到这些人，留个好印象总归是最明智的做法。

招聘工作如何进行

一封优质的求职信以及后续跟进信件能够使你在所有雇主进行招聘、筛选和择优过程都要经历的四个环节中更快地取得进展。这些信件本身不会帮你赢得那份工作，但是它们能让你给人的印象大为不同，帮助你在竞争中脱颖而出。招聘的四个环节是：

- 列出初选名单。采用多种招聘策略，以最大限度地找到合格的应聘者人选，通常是 10~12 位候选人。
- 缩小候选人范围。审查候选人初选名单，找出最适合这项工作的候选人，把初选名单减少到 4~6 位候选人。达标进入这份“最终候选人名单”的人，将在通过第一轮电话面试的额外筛选以后接到面试邀请。接下来要对每个候选人建档，包括打印文件和电子文件。
- 候选人优先排序。通过一系列面试（通常会有一轮、两轮或三轮），最终候选人名单上的候选人会被按照能力和匹配度进行排序。
- 审核候选人并做出是否雇用决定。在做出最终决定前，每个候选人的档案都会被再次审核。档案将包括你的简历、雇主的评价以及你在这些面试过程中机智地发出的所有求职信和跟进信件。这些信件会为你加分，帮你查漏补缺，把你塑造成一位称职的专业人士。

致 谢

“终极求职系列”已经在美国以及全世界以各种语言版本出版了30年，其成功归功于其持续不断的更新，以及数百万职业生涯获益于此的事业有成的职场人士。这些之所以可能，正是因为“终极求职系列”有所助益——它们能够帮助你改变你的职业生涯轨迹。

有一小群人在我撰写此类书籍时给予了莫大的帮助，并不断再版更新像《终极求职信》这样的经典书目：皮特·阿彻（Peter Archer），我的总编辑；简·豪普特曼（Jane Hauptman），我那一丝不苟的文案编辑；还有安杰拉·耶特（Angela Yate），打理我们的业务，让我有时间把工作做好，并且在很多能让本书成为永恒经典而不仅是一本好书的问题上担任了第一决策咨询师的角色。

目 录

第 4 章　如何确定并建立起一种理想的职业形象

第 5 章　一封优秀的求职信所包含的要素

第6章　如何写好一封求职信

第7章　如何润色并编辑你的书信以达到最佳效果

第 1 章

求职信：找到好工作的秘密武器

最近一项对 1 000 位主管人员进行的调查结果显示，91% 的人认为求职信对于他们评估求职者很有价值。你的求职信能为你补充简历中所没有的信息，并且有助于在两个有共同兴趣的职业人士之间建立起沟通渠道。

当你制订一项旨在直接接触企业招聘部门的“出击”计划时，求职信是最为有效的手段。一旦某个可能雇用你的人读到你的简历和求职信，你获得面试的机会就会大为提升，因为你已经跨越了最初的障碍——从简历库中被挖出来，而且你已经直接命中了一位招聘者或者招聘经理。

每次找工作的首要目标就是，尽快并且尽可能多地与可能雇用你的人开始对话，因为如果没有对话，你就无法获得工作机会。求职不顺的主要原因之一就是，求职者的信息往往难以到达有招聘权的人手里。当找工作主要取决于往各种简历库里投简历，以及根据招聘信息往其他简历数据库上传简历时，就会出现这种情况。

然而，如果你能使你的简历附有一封个性化的求职信，再出现在招聘部门和招聘人员面前，你就能脱颖而出，并大大提升自己获得面试的机会。

绝大多数招聘者和招聘经理都很重视求职信以及后续联系信件。如果你只打算把简历上传到简历数据库里，那么一封求职信就足够了，但其主要优势在于根据某家具体公司，最好是根据某个具体的人来定制化你的信息。当你制订的求职“出击”计划包含直接联系决策者的目标时，那封个性化定制的求职信就确实能够提高你的命中率。

求职时应该把哪些人作为联系目标

在求职时，你应该以这些招聘职位上的人作为联系目标：

- 那些最有可能雇用你的人，通常就是那些比你的目标职位高 1~3 个职级的经理人。
- 那些最有可能参与甄选过程的人，通常就是那些在相关部门工作的经理人。

你直接沟通的理想目标总是那些能雇用你的人，不过任何有机会引荐你的管理层职务人士都很重要。即使只是人力资源部门的联系人也有价值：虽然他们不能决定雇用谁，但是他们的工作所具有的枢纽性质意味着，这些人力资源专员了解公司内部所有能够用到你的技能的领域。

你在求职过程中捕捉到的任何名字和职务信息都是有价值的。现在上网这么方便，有无数种方式可以确定身居你需要联系的那些职位上的人姓甚名谁。即使一个名字或者职务目前对你没用，你也不要忽视它，也许这正是另一位求职者所需要的联系人，因此可能成为你在人脉关系中可以充分利用的有价值的交换品。你可以参考第 8 章里更多有关如何找到招聘部门人员姓名的信息。要想获得更多如何充分利用人脉及日常人际交往策略的信息，请参考最新版的《终极求职指南》（*Knock'em Dead:The Ultimate Job Search Guide*）一书。

当有人打开你的电子邮件或者信封时，你的求职信会是第一眼被看到的。求职信性质正式、结构正规，能够以你的简历不可能做到的方式突出你为什么适合这个具体的职位。求职信能让读信人为接纳你的简历做好准备，进而把你作为一个特殊的个体加以接纳。求职信能让你和读信人产生共鸣，并能显示出你非常适合且能胜任这家公司的这个职位。

求职信撰写技巧

写上目标读信人的名字

求职信的第一步就是要抓住读信者的注意力并引起他们的兴趣，因此你必须把信写给一个有名有姓的人。

获得工作机会的最佳策略之一就是，直接联系招聘者和招聘部门人员。一旦你找到与招聘和选拔过程有关的这些职位上的任何人的名字，你就要直接联系他们，并在信上写出他们的名字。你还可以在第 8 章读到更多关于这个话题的内容。

让你的求职信易于阅读

读信人总是很容易分神，因此你的求职信应该是易于阅读、重点突出、清晰且简短的。你的求职信应该直入正题，语气既友好又恭敬；求职信一定不要漫无目的、言辞浮夸或者咬文嚼字。

你还可以通过求职信的外观抓住读信人的注意力，求职信的字体、字号应该设置得和你的简历相同，展现出你的条理性和专业性。

身居能雇用你的职位的人恐怕已经不太年轻，很难顺利地阅读 10 磅字的内容了。任何一个盯着电脑屏幕工作了 10 年以上且有一大堆其他重要事务需要集中精力处理的人，都很难接受细小的字号或者精致但不容易阅读的字体。我建议你采用至少 11 磅或 12 磅大小的字号。在电子邮件和打印信件中采用合适的字体和字号是一条很容易做到却又很容易被忽略的规则。但是，关注细节在求职过程中是能得到回报的。

建立连接

一封求职信的重点不在于“我”，而应该在于“你的需要以及我如何能满足这些需要”。因此，第一段应该着重于雇主的需要以及你如何能够达到这些需要，要使用从雇主的角度来看待这项工作的措辞方式。例如，你可以这样写：

> 您正在寻找一位企业客户销售专业人员，从事过绩效技术工具销售，与老练的企业客户打过交道。这个人最好熟悉企业软件的售前和售后过程，接受过良好的专业教育，举止得体，并且最为重要的是，能够持续超额完成新的销售任务，同时培育不断扩大的客户群，并向其增加销售。而这些恰恰就是我所具备的。

强化你的个人品牌

品牌化就是一个你不断把注意力吸引到使你与众不同的那些技

能和行为上的过程。你发出的所有求职信（包括每一封电子邮件）都能描绘出你总体专业性中的一部分。如果你的书面表达不错，能传递一种简洁、相关、易于接近的信息，就表明你是一位脚踏实地的职业人士，具有清晰的自我认识，你就已经开始建立起一种被认可的专业形象。当你用行动使自己脱颖而出时，你在候选人序列中的地位就会得到提升。

怎么做能够让你与众不同？

- 只要你足够睿智到让自己的简历直接出现在一位业务经理眼前，而这位经理正希望在雇到合适的人后回去做手头的工作，就能让你与众不同。
- 以一种富有创意的方式让自己的简历呈现在招聘经理面前，并显示出你知道自己在做什么能让你与众不同。你的求职信上有一部分可以写："我把简历发电子邮件给您了，但是我想您可能乐意暂时离开电脑屏幕休息一下，所以您会看到这封求职信后边还附上了一份打印的简历……"你的电子邮件里可以写："我的简历附在邮件后面，但如果您需要离开电脑屏幕休息一下，我同时也给您寄了一份打印件。"
- 撰写一封能展示你的简历，并在你和招聘经理之间建立起联系的有力的求职信，能让你与众不同。
- 始终使用清晰、简洁的语言，能让你与众不同。
- 会面后再用经过深思熟虑的信件跟进，继续传递你精湛且专业的信息，能让你与众不同，并能进一步确立你的专业形象。
- 确保你所有的电子邮件和打印信件中的字体与你的简历一样清

晰易读并保持一致，能让你与众不同。

保持书面沟通的连续性

要想保持书面沟通的连续性，你要做到：

- 确保你用于联系信息、求职信和简历的标题字体相同。
- 在你简历的正文部分和求职信的内容中使用相同的字体。
- 所有的电子邮件都使用相同的字体。小窍门：把你选定的字体设为电子邮件的默认字体。
- 确保你的书面沟通文件和你的电子邮件，以及其他电子沟通文件中使用的字体相同。
- 简历、求职信和信封使用配套的纸张。任何一家办公用品店都能买到这些。当机会来临时，使用传统方式寄送你的求职信和简历，是让你的简历能被读到的好办法，因为大多数求职者不会想到这么做。如今，招聘经理通过信件收到的简历大大减少了，但是一位忙碌的经理仍然乐意离开电脑屏幕休息片刻，所以就会多花一点儿时间查看你的简历。你去面试时也需要带上打印好的简历。

直入主题，言之有物

一封好的求职信能让招聘者在阅读你的简历时加以慎重考虑。时间很宝贵，这意味着招聘者和招聘部门是不会浪费时间在漫无主题的信件上的。你的求职信应该总是能表现出一位职业人士应有的素养，让人认为这个人的简历是值得一看的。

如果能做到，你可以具体说明一项应聘职位的关键要求。你希望读信人从求职信转去看你的简历时，心里已经认定：“这是一个能够胜任这项工作的应聘者。”你可以通过以下两种方式之一做到这点：

- 提及一个职位最重要的用人要求。
- 提及一个职位最重要的用人要求背后的问题。

如果你通过广告、招聘启事或者与潜在雇主通电话，发现一个招聘职位的某个方面在你的简历中没有涉及（而且出于某种原因，你没有时间更新简历），你就可以用一封求职信来加以补充。工作简报（executive briefing）是做这件事很有用的一个工具。

简练非常重要。求职信不能展示你的所有优点，它的作用是让你进入被慎重考虑之列，展示出你抓住了这个职位工作成果的核心所在，让读信人想了解更多。

以一项请读信人采取行动的内容作为结尾

正如你要努力开个好头一样，还要确保你的结尾也同样有信服力。结尾是读信人对你产生最后个人印象的地方，所以一定要有力、紧凑，要清楚地表明你真的期待接下来开启有意义的沟通。你的求职信应该总是包括一项请读信人采取行动的内容。要说明何时、何地及如何能联系到你。你还可以主动出击，告诉读信人如果他没有联系你，你打算在某个具体时间跟进这件事。

在求职和选拔过程中的每一步都有机会利用书信来提升你应聘

成功的可能性。一封优秀的、有力的求职信能为你敲开招聘者的大门，让你从众多竞争者中脱颖而出，并最终帮助你确立一种独特的职业形象。尽管你大多数时候会使用电子邮件沟通，但把真正重要的信息通过电子邮件和传统信件都发送一次能让你更引人注目。就算没有更多的好处，通过两种媒介发送你的信息也能让其被读到两次，从而提高你作为候选人获得关注和进展的概率。

请马丁·耶特免费帮你审阅简历！

在你购买本书的网店，撰写一条真实的评论，然后把网页链接和你的简历发送到 MartinYate@KnockEmDead.com。

第 2 章

六类高频使用的求职信

在美国，绝大多数的企业都采用网络招聘的形式，这完全改变了你找工作的方式。

每一年，上传到商业简历数据库里的简历数量都呈指数级增长。如今，较大的数据库已储存了超过 4 000 万份简历。很多公司自己的简历库中的简历也超过了 100 万份，像领英（LinkedIn）这样的社交网站更有超过一亿份简历以及注册会员的职业档案。这些都使招聘者的工作更好做，因为他们往往能够从任何一个已有数据库的前 20 份简历中找到足够多的合格应聘者，而且既然有那么多潜在候选人，他们很少会花时间进行深度挖掘。

在那些允许你为简历添加附件的简历库中，一封能为你所具有的能力提供额外背书信息的求职信就能让你脱颖而出。当你以直呼其名及职务的方式把简历直接发给一位招聘者或者有招聘权的人时，你的简历和求职信就能起到更大的作用，因为通过称呼招聘经理或招聘者的姓名并且根据其需要定制你的信息，能够让自己与众不同；最重要的是，你完全避过了简历石沉大海的命运。

以下是六种能在求职中助你一臂之力的求职信。每封都是我根据本书后面出现的求职信样例综合编写的，从这封信摘取一句话，从那封信摘取一句话。在每份样例中，我都用下划线标出了借用的段落，这样你就知道，只要做一点儿剪切和粘贴的工作，你就能创造出自己原创的文本了。

这六种信件包括：

- 当你不清楚具体的工作职位，但是知道把信发给谁，或者你要把简历上传到一个允许简历附有求职信的简历库时可以用的求职信。
- 工作简报。当你了解一个职位的用人要求时，这种书信就非常有效，特别是当你知道收信人姓名时。
- 用于应聘一份网上招聘启事的求职信。
- 发给猎头的求职信。
- 把你的求职意向传递给专业平台的社交式信件。
- 当你的简历不完全符合某个职位时的广播式信件。

当你不清楚具体招聘职位时可以用的求职信

这封信适合作为附件上传到一个数据库或者发给一位潜在的招聘经理，他的姓名已经被你搜寻到了。当然，如果你要把这封信发给一个人，那就应该改成具体的称呼，并且提及那家公司的信息、关于那个职位的一些细节，或者你和收信人之间已经达成的一些共识。

詹姆斯·夏普

某区中央公园路 18 号，NY14788　　(516) 555-1212

20×× 年，10月 2 日

杰克逊·贝瑟尔，运营副总裁

数据链接产品公司（DataLink Products）

米勒大道 621 号

某区，CA 91234

尊敬的杰克逊·贝瑟尔：

最近我在调研本地数据通信领域的行业领先公司。我要找的是在行业内广受尊敬并提供持续培训项目的公司。数据链接产品公司的名字总是作为一家顶尖企业不断出现在我眼前。

我是一个行业经验丰富且具有多年 IBM（国际商业机器公司）工作背景的语音数据通信专业人才。如果贵公司在这方面有空缺职位，那么从我的简历中，您将发现我是一个具有非比寻常的奉献精神、工作效率和进取心的人。我的工作经验和成就包括：

- 完全重新设计了一个数据通信网络，预计在全公司范围内使效率提高约 12%。
- 为一个拨号网络安装并调试了一套防御者 4 号（Defender IV）回调式安全系统。

随附我的简历，若您认为我的背景和技术对数据链接产品公司可能有所帮助，期待您能加以考虑。尽管我希望尽量不在工作期间花费雇主的时间接听私人电话，但您可以拨打（516）555-1212 联系我，我会谨慎接听。不过，如果您能在晚上拨打__________会更好。期待与您交谈！

此致

敬礼！

詹姆斯·夏普

简·斯威夫特

某区中央公园大街 18 号 NY14788　　(516) 555-1212

戴维·多尔斯，市场总监

马丁财务集团（Martin Financial Group）

罗德岛路 1642 号

某区，NY 01234

尊敬的戴维·多尔斯：

我一直在关注《共同基金通讯》（*Mutual Funds Newsletter*）上关于贵公司业绩的报道。

最近，贵公司在《投资者商业日报》（*Investor's Business Daily*）上发布招聘一名市场分析员的启事吸引了我，贵公司的名字也吸引了我的注意。贵公司在过去三年中的业绩显示出优异的资产组合管理能力。鉴于我有在贵公司竞争对手之一工作的经验，我认为我能为贵公司做出重大贡献。

我很乐意和您谈一谈有关招聘的事宜，以及我能如何为实现您的部门目标做出贡献。

作为一名经验丰富的市场分析员，我拥有经济学的专业背景（普渡大学理学硕士学位），并构建了一套对市场波动进行定性分析的有效方法。这使得我能够持续选取到作为增长型共同基金支柱的新科技股份。例如：

六年前，我是第一个推荐泰格斯基金（Targus Fund）的人。最近，我的客户大笔投资于大西洋地平线增长型基金（Atlantic Horizon Growth，一只高风险类基金），以及下一浪增长及收入型基金（Next Wave Growth and Income，适合谨慎型投资者）。在过去六年中听从我建议的客户都持续跑赢了市场。

我知道简历有助于您从备选者中加以择优，但通过简历无法判断一个人的个人才能。我希望能与您面谈，并向您展示以我的资历，我具有成为一个优秀团队成员的专业能力。

此致

敬礼！

简·斯威夫特

工作简报

工作简报是一种很有效的求职信格式，可以用在你得到职位空缺消息的任何时候（也许是通过一个网上招聘启事、一位前辈或一次与人脉网中某个人的交谈），与你的技能相匹配。工作简报能够迅速切入要点，让读信人易于领会，除了介绍简历内容以外，还对相关信息加以定制和补充。一份工作简报为何会这么有效呢？

- 它能将你所展现的能力与职位的能力要求进行快速匹配，让读信人更易于做出分析，从而更可能为你带来期望的结果。
- 由于进行初次筛选的人（快速浏览求职信和简历并区分优劣的某个人）可能缺乏对职位用人要求的深入理解，而工作简报能通过逐条匹配职位用人要求和你的能力，让事情得以简化。
- 工作简报能够突出你在某个领域的技能，或者填补你的简历与职位具体信息之间的差距。
- 如果面前的机会对你来说是十拿九稳的，但是你的简历不是最新的，或者重点不对，那么工作简报能起到帮你更新工作经历的作用。当有人要看你的简历，而你来不及更新时，这种专业性的应急办法就是最有用的了。

工作简报能确保你发出的每份简历都满足那个职位的具体要求。工作简报提供了对一位非常职业化的专业人士的综合描述，再加上一份个性化的、便捷且易读的概要，详细罗列出你的背景经历与职位描述有多么契合。

发件人：top10acct@aol.com
标题：回复：会计部经理
日期：2005年2月18日，美国东部时间22：05：44
收件人：rlstein@McCoy.com

尊敬的斯坦先生：

我在会计岗位已经工作了九年，这次写信来是因为我看到贵公司在凯业必达招聘网（CareerBuilder）上发布的招聘会计部经理的启事。请允许我罗列出我所具备的与贵公司所述用人要求相关的技能。

贵公司的要求	我的经历
▪ 会计学学位，四年以上工作经验。	▪ 于2000年获得注册会计师学位，拥有四年以上会计部经理工作经历。
▪ 优秀的人际交往能力和领导力。	▪ 曾高效管理24位员工，具备激励普通员工及主管的能力。
▪ 较强的管理能力。	▪ 协助400位客户开发一个基于微软Excel的基础参考技能库。
▪ 良好的沟通技巧。	▪ 通过每天的辅导课程、沟通会议及技术技能课程，培训新晋主管和员工。

我的简历将更详细地说明我的背景经历，现以Word文档形式粘贴如下。希望这份工作简报有助于节省您的宝贵时间。我已经准备好离职，希望很快能与您详谈。

此致

敬礼！

乔·布莱克（Joe Black）

用于应聘一份网上招聘启事的求职信

如果你写信是为了应聘网上的一份招聘启事，你应该提到那个网站以及与那个职位有关的参考代码：

“1 月 5 日，我在贵公司网站上看到招聘启事，我认为我应该应聘……”

“贵公司在__________.com 上关于__________的招聘启事引起了我的注意，同时贵公司的名号也很吸引我。”

“这封电子邮件，以及附件中的简历，是为了应聘在__________上的 145 号招聘启事中的职位。”

应聘一份网上招聘启事的电子邮件

发件人：海伦·达维克（darviklegalpro@earthlink.net）

收件人：ggoodfellow@budownoble.com

抄送：

标题：行政部/管理层/市场部/电脑部/会计部/策划部/人事部

尊敬的__________女士：

我写这封信是为了应聘贵公司在HotJobs.com的招聘启事中涉及的律师事务所法务主管一职。

在（日期），我曾经致信给您应聘大都会__________区的法务主管一职。此次我附上了另一份关于我的教育背景和工作经历的简历。我对这一职位很感兴趣。

在过去6年中，我担任过两家有21名律师的律师事务所的法务主管。此外，我还曾担任一家律师事务所的顾问一年多的时间。除了律师事务所的工作经验，我还担任过医疗主管超过10年时间。我相信这些工作经验将让我能够胜任这个管理律师事务所的职位。我具备管理、市场、电脑、会计、预算、财务规划、人事以及人际沟通方面的技巧，将对这家律师事务所发挥非常积极的影响。

本月下旬我将在××区，因此希望那时我们有机会见面讨论有关这个职位的事宜。××女士，非常期待您关于这个职位的回复。感谢您抽出宝贵时间加以考虑。

此致

敬礼！

海伦·达维克

（516）555-1212

darviklegalpro@earthlink.net

发给猎头的求职信

猎头值得你尊敬，毕竟他们是这个世界上最老练的销售人员——他们销售的可是会发表意见的产品。如果你叮咛一个猎头“接受挑战吧”或者“给我找个工作以考验你的技能”，那么他只会在把你的简历扔进垃圾桶前的一瞬间感到有点儿好笑。

在接触猎头并与之合作时，无论他们是为当地的职业介绍所工作，还是为一个临时项目或一家专属性猎头公司工作，你都要牢记以下两条规则，这样你就不会太出格：

- 实话实说。诚实地回答问题，你更可能得到帮助。如果被发现说谎，你就将在某个人心中建立起一种不可信任的形象，并影响你的整个职业生涯，而这个人很可能手握一份各行各业中有影响力的人的联系名单。
- 在你的书信和言谈中都直接切入正题。例如：

“我转发给您我的简历，因为我知道您专门代表__________行业的雇主进行招聘。”

“请查收随附的简历。作为__________行业的专家，我认为您会对一位具有__________技能的人感兴趣。”

“在您的众多客户中，可能有一两家正在寻找一位在__________方面有经验的专业人士。”

记着，在给一家猎头公司或职业介绍所发求职信时，你应该说明你的工资水平，如有必要，还要说明你对工作地点的要求。如果你想富有成效地和猎头合作，请阅读最新版《终极求职指南》。

以下是一封你可以发给一家公司猎头的求职信样例：

发给猎头的求职信

詹姆斯·夏普

某区中央公园路 18 号，NY14788

(516) 555-1212

20×× 年 12 月 2 日

尊敬的奥弗林先生：

我把我的简历发给您，因为我知道您是会计行业中的专业人士。您可能已经注意到，__________公司的管理层结构近期将做出调整。尽管我很看好公司在新领导层管理下的发展，但我还是选择借此机会做出改变，寻求其他职业成长机会。

我多年的从业经验使我能够胜任任何一家中型服务企业的财务管理职位，但我也愿意接受其他机会。虽然我更倾向于留在纽约州，但如果是个难得的机会，我也可以接受在其他地区工作。

我附上了我的简历供您参考。如果您目前或者近期会寻找跟我背景相近的人才，并对我加以考虑，我将不胜感激。我非常乐意通过电话或者面谈与您更加详细地讨论我的经历。

此致

敬礼！

詹姆斯·夏普

随附简历

社交式信件

没有什么比一位专业人士的亲自推荐更有效了。各个领域的成功人士都彼此相熟或至少听说过彼此，这绝非偶然。如果你能与你所在的行业以及行业中的专业人士保持联络，那么你会从这个人脉网中受益良多。人脉网不是本书探讨的话题，不过你可以查阅最新版的《终极求职指南》了解更多建立人脉的策略。

以下是撰写社交式信件时需要牢记的重要考量因素：

- 建立连接。提起你和那个人最近一次接触的情景，或者说到某个最近你们都与之交谈过的人。你也可以利用曾经共同服务过的雇主、作为某个专业协会的共同成员、共同的兴趣，或者近期的时事来建立与他们的连接。

  如果你写信（或打电话）去是因为有人引荐，那么就要说明并提及那个人的名字：

  “我写信给您是因为我们共同的同事约翰·斯坦诺维奇觉得我的技术和能力对您的公司是有价值的……”

  “贵公司圣弗朗西斯科分公司的经理帕梅拉·布朗森建议我咨询您有关正在招聘__________职位。”

  “萨凡纳银行（Savannah Bank）分部的经理亨利·查尔斯上周告诉了我您的名字，他建议我和您联系。为了以防他转发给您的简历还没收到，我在这里又附上了一份简历。”

  “您的办公室经理阿瑟·戈尔德也是我的邻居，他认为我应该跟您联系，因为贵公司会计部即将招聘。”

- 告诉收信人你写信的目的：

“现在是我该有所行动的时候了。我的工作即将被调动到印度的孟买，但我希望您能帮我找到新的努力方向。”

- 不要谈论你理想中的职位，因为谈论理想中的职位只会局限人们为你提供的工作机会。反之，只要让收信人知道你的资历、经验以及你最乐于接受的职位就行了。不要因为自负而失去一个有价值的工作机会。
- 请对方给你提出建议和指导：

“您认为如今我们这个行业成长最快的公司是哪些？”

“您能否帮我看一下我的简历？我真的需要中肯的意见，而且我一向看重您的观点。”

- 绝不要直接提问“贵公司有工作空缺吗”、“您能雇用我吗”或者“贵公司能雇用我吗”，而应该请求与对方通几分钟电话，然后想方设法地在具体目标公司内寻找工作机会。
- 当得到帮助时，你一定要表示谢意。如果在交谈中得到帮助，你可以稍后写信致谢。这样做给人的印象是难以磨灭的，很可能为你带来一个新的工作机会。

社交式信件（计算机与信息系统经理）

这封信是与一位医学院院长面谈后发送的信件。

戴维·肯特

夏威夷火奴鲁鲁圣路易街 1623 号，96813

808-555-6256 · dkent@alohanet.com

20×× 年 1 月 14 日

约翰·琼斯，医学院院长、医学博士

夏威夷火奴鲁鲁东—西环 1234 号夏威夷州大学，96822

尊敬的琼斯院长：

也许您还记得 20×× 年 8 月 18 日到 19 日，我们在喜来登威基基酒店举行的亚太生物学会议上碰过面。在我们短暂的交谈中，我跟您提到过我打算把网站开发作为一个管理工具的想法。您当时表示有兴趣把这样的系统应用在医学院里。

我们能否进行一次正式的会面探讨这个想法？

我有一些令人兴奋的且有创造性的想法，也许有助于您进一步发掘一个在医学院中可能产生积极影响的内容管理系统。这也将是一个好机会，让我们共同探讨您的目标，以及一个管理型内网能够如何协助您更快速且划算地实现这些目标。

此外，基于技术的发展，近期在 IT（信息技术）社区里关于组织连续性及其可能发生的问题得到了热烈的讨论。我认为您会发现我将向您提供的具体策略是值得考虑的。

不知您是否记得，我有网络策划和建设方面的经验，并掌握建立管理型内网和公共网站，设计基于网络的软件，以满足组织汇报的所需工作技能。

附上的简历能够说明我以往的经历和专长。最近几天我将联络您，探讨和您面谈的可能性。

此致

敬礼！

戴维·肯特

计算机与信息系统经理

附件：简历

广播式信件

广播式信件的作用是简要介绍你要展现的技能，发送时无须随附简历。你可以在以下情况使用这类信件：

- 你的简历与职位不相关。
- 你的简历不适合这个职位。
- 你的简历没有收到预期的效果，你在重新撰写简历的同时想尝试一些别的方法。

要想收到效果，你在这封广播式信件中使用的信息必须与一个招聘启事中的具体要求直接相关，或者聚焦于你通过简历上的目标职位解析（Target Job Deconstruction，稍后会讲解这部分内容）练习来确定的这个职位的需求。

这是因为这封广播式信件的目的在于，代替简历作为一种介绍手段并发起对话。

记住，虽然一封广播式信件可能让你与一位潜在雇主通上电话，但那位雇主很可能还会让你提供一份简历。

虽然我不是很推崇广播式信件，但是很多人都有效运用了这类书信，所以你应该有所了解。

由于这类信件最好能发给一个有名有姓的人，我的建议是，既然仍需要有一份简历，你就应该花时间根据需要对简历进行适当的修改。

我不建议把这类信件作为你求职“战役”的前锋或者唯一的利

广播式信件

简 · 斯威夫特

某区中央公园大街 18 号，NY14788

（516）555-1212

20×× 年 10 月 2 日

尊敬的__________：

在过去七年中，我一直在销售领域追求更大的成功。以下是我已经取得的一些成就：

销售方面

作为一个区域代理，我为公司带来 150 万美元销售额，占公司年销售额的 16%。我是个成就驱动型的人。

市场营销方面

我的市场营销技巧（具有市场营销专业的理学学士学位）让我能够在预算紧张的情况下仍然使销售额提升了 25%，而在同一时期，我的同事只能勉强维持销售额不下滑。我的复购性业务达到了历史新高，因为我坚持不懈且注重细节。

项目管理方面

在取得以上成功之后，我的区域管理方式被全公司推广。我为整个销售队伍提供培训和项目监理服务。第二年，全公司销售队伍销售达成率超过预期 12%。我作为一个尽心尽力的团队成员，为集体取得的成功感到骄傲。

以上成就都基于我所坚持的不打价格战的销售哲学。我不会牺牲效益去获得销售额。在一封信中很难概括我的全部工作，因此我能想到的让您有机会能查看我的所有资历的唯一方式就是，我们能够见面详谈。期待您的回复。请拨打 ×× 联系我。

谨启。

简 · 斯威夫特

器，但你可以把它作为你在重新打磨一份效果不佳的简历或者重新部署求职策略时的权宜之计。

第 3 章

了解职位信息，了解你的客户

你要把潜在雇主当作你的客户。如果你仔细听客户说的话，那么你会发现他们已经明确告诉你他们要“买”什么了。了解你的客户（雇主）看重什么，有助于你了解那个客户想买什么以及你应该卖什么。

如果你在销售、市场营销、营销传播部门或者任何需要为你的公司带来营业收入的岗位上工作，你就会了解“钻进客户头脑里”找出他们看重什么的重要性，因为只有这样，你才能根据客户的需要销售出产品或服务。了解客户想买什么，你就更容易相应地调整你提供的信息，去满足他们的需要。

你写出一封优秀的求职信所需要的所有关键点在招聘启事中都能找到。你需要做的就是学会如何把这些内容转变成有用信息。现在我们就来做这件事。

下面是一个简单的练习，叫作目标职位解析。不要跳过这个练习，它能为你的求职之路以及未来整个职业生涯带来巨大改变。它能准确地告诉你如何优化你给雇主看的信息，为你的信件提供样例，并让你对会得到的实际报酬有全新的认知。这个练习还能告诉你面试时你最可能被问及的问题，并且为你回答这些问题提供建议。

这个练习的目的包括以下方面：

- 确定你想应聘的这个职位的确切要求。
- 根据这些要求去匹配你的技能。
- 明确你在求职信和简历中需要讲述的内容，以便突出你的技能与职位要求之间的匹配之处。

目标职位解析

撰写任何书信最困难的部分在于要知道写什么以及如何写，而目标职位解析法能够确保你在信件中谈论的话题最大限度地吸引你的客户，同时你采用的措辞能够最大可能地引起读信人的共鸣。

第一步

搜集六份你最能胜任的职位的招聘启事，把它们保存在一个文件夹里。尽量找你目标工作区域内的职位，如果找不到足够的本地职位，那么你也可以搜集其他区域的职位描述信息。因为对于目标职位解析来说，职位所在的地点无关紧要，重要的是理解雇主如何定义、排序以及表述他们的需求。

第二步

打开一个新的微软 Word 文档，把标题设为目标职位解析。再加一个小标题，写上职位名称，然后把你找到的职位描述样例中的各项内容复制粘贴过来。查看你得到的结果，你应该能说出“当雇主们打算雇用一个像我这样的人时，他们倾向于使用这些词语来表述这个职位”。

通过这些样例，你就能为你的简历找出目标职位名称。你可以把这行字加在你的名字和联系信息后面。这些词语能够让你的简历在简历库搜索中脱颖而出，让搜索者一眼就能看出这份简历是关于什么人以及什么内容的，从而助力你的简历发挥作用。

第三步

再加上第二个小标题，写上：技能 / 责任 / 经验 / 可交付结果。

查看这些招聘启事，找出所有六个招聘启事中共有的一条任职要求。找到关于这条要求最完整的表述，复制粘贴到你的目标职位解析文件中，在这条前面敲个“6”，表示这是所有招聘启事共有的。

查看其他招聘启事中用来说明同一项职位技能的不同词语和表述方式，然后把这些都复制粘贴到你建立的条目下。对于你的六份招聘启事样例中都有的其他任职要求也做同样处理。这样你就会得到一份所有雇主都认为很重要的任职技能或能力清单，以及他们用来说明这些要求的词语。

第四步

对于在五份招聘启事中都出现的要求也重复这个过程，然后是四份共有的要求，一直到那些只在一份招聘启事中提到的任职要求。

做完这些以后，你可以查看一下你的工作并有信心地说：“当雇主想雇用像我这样的人时，他们倾向于使用这些职位名称；他们会用这样的方式对他们的需要进行排序，并且使用这些词语来说明他们的优先排序。”此时此刻，对于你的简历需要讲述哪些内容，你已经有了一个模板。

第五步

要写出能具体说明你具有雇主们表示将优先考虑的技能的实例。记住，一家公司只会因为两个方面来为一个职位支付工资：

- 能为公司赚钱或者省钱，抑或以某种方式提高生产率。
- 能够发现、避免并解决在你擅长的领域出现的问题或挑战，而且这与公司对上一目标的追求息息相关。

仔细查看你列出的雇主优先排序的能力清单，找出当你在那个具体职位上履行职责时，通常可能出现的问题，然后为每个问题明确以下内容：

- 你如何履行职责就能够从一开始避免出现这个问题？
- 一旦出现这种情况，你将如何应对？要设想具体的实例。
- 只要有可能，你就要把你的行动结果量化为提高了多少生产率、赚了多少钱或者省了多少钱。

第六步

回头去查看你在上一步所确定的任职要求的排序，思考每一条具体的要求，回忆你所认识的做那方面工作最出色的人是谁。下一步，要想清楚是什么让那个人在你脑海中作为一个真正的职业人士凸显出来，且要想想他的个性、技能和行为等。也许他总是面带微笑、耐心倾听，并且有良好的独立思考能力以及时间管理能力。

你脑海中跳出的这个人的特征，再加上你已经确定的这个职位的具体专业技能要求，就是每个雇主都想要雇用的人的行为表现，以及随后获得职业成功的行为模式。

第七步

最后一次查看你在目标职位解析中列出的职位要求排序清单，思考每一条具体的要求，并回忆你所认识的做那方面工作最糟糕的人是谁。也许他性格消极、从不倾听，而且开会迟到，做项目也拖延。

此时，你就会对任何雇主都不想雇用的人的行为表现有个全面的了解，这种表现将导致随后的职业失败。

进行整合

目标职位解析会让你深入了解目标职位，以便使你的简历在简历库中以及招聘者和招聘经理眼中都能效用最大化。这个过程还能揭示出对招聘经理来说，这个职位的哪些方面是他最感兴趣的，并因此更可能在面试时提出相关的问题。由于你已经从头至尾思考过，现在你对这些问题应该已经有了答案，并且能够用实例加以说明。

最后，也是比较重要的一点是，你也有获得职业成功的行为模式：你具备的能力都不会白费。

请马丁·耶特免费帮你审阅简历！

在你购买本书的网店，撰写一条真实的评论，然后把网页链接和你的简历发送到 MartinYate@KnockEmDead.com。

第 4 章

如何确定并建立起一种理想的职业形象

一份简历是所有职场人士用来在一个不断扩大的人脉环境中建立并传递其职业形象的主要工具。如果你在自己的专业领域中出类拔萃，那么你将更容易获得长期的成功——工作得到回报（不被裁员）和符合自己目标的职业成长。把建立并维护一个职业形象作为你整个职业管理规划的一部分，将会有助于你在专业领域中建立信誉和知名度，因为一个有辨识度的形象会让你做事专注有动力，也会让别人觉得你与众不同。

建立一种理想的职业形象需要时间，毕竟你得强化一些值得强化的东西，一些你的客户能够认同的东西。这是需要经过多年时间才能逐渐培养出来的，不过你需要从某处开始入手，并且从现在就开始。

你付出越多的努力去建立信誉和知名度，这些努力随着时间的发展越会让你在所擅长领域的专业信誉稳步增长，你也就能越快进入你所在公司、所在部门的核心圈层，并最终进入这个行业的核心圈层。而只有在这个核心圈层，你才能获得职业安全感、称心如意的工作、升职加薪，以及市场化的职业选择。

你要把自己的职业形象当作你向行业内专业人士展示你希望在专业领域被如何看待的正式宣告。你的简历以及求职信将是你用来传递你的职业形象这一专注且始终如一的信息的主要工具。正是你的简历的叙述方式，以及你所有求职书信中与之呼应的互补性内容，才使得你能够以一种非常具体的方式来讲述整个故事：充分描绘出你的经验、技术、能力及职业化的行为表现，因为这些都与你的客户的需求有关。

一个理想的职业形象所包含的要素

一个切实可行的职业形象必须建立在坚实的基础上。这意味着你必须了解，当雇主们雇用或晋升处于你这个行业、你这个水平以及你这个职位的人时，他们想要什么并且在寻找什么。达到这个能够了解雇主想法的水平对你本次求职以及未来的职业发展都至关重要，这也是为何我们用第 3 章来讲解雇主会如何看待你的工作，如何优先排序并表达这些想法……并且进一步说明了他们会如何回报达到要求的人。

在本章中，你将审视作为专业人士的你的一些额外且同样重要的维度，一些会影响你的简历、你的面试以及你在未来职业道路上成功与否的维度。具体来说，我们会审视一种被称为可迁移技能（transferable skills）的因素，看它如何能被运用到你的各类求职书信中。

可迁移技能和职业价值观

多年以来，我读过不计其数关于找工作、赢得晋升以及管理职业生涯的书。只有几本见解深刻，大部分都无关痛痒，但是贯穿所有书籍主题的是那条既荒谬又有害的建议："做你自己。"

"你是什么样都没关系，只要做你自己就行了。"这是一种错误的认知。你还记得开始第一份工作的第一天，你想去冲第一杯咖啡的时候吗？你找到了咖啡机，就在那儿，咖啡机后面的墙上贴着一张手写的告示，写着：

"你妈不在这儿工作，弄完自己收拾好。"

你心想："弄完自己收拾好？哎呀，那我就不能像在家里那样，拍拍屁股走人了。"就这样，你开始观察并模仿你身边那些更加成功的职场人士。你得按照适应环境的方式行事，并表现出你的高情商。你并非天生如此，但为了在所处的行业中成为一名职业人士，久而久之，你会在工作中养成很多新的行为习惯，塑造良好的职业形象，因为这就是职场生存之道。

有些人就是做什么都比别人强，因此更加成功，这不是偶然发生的。在职场成功的背后，有一系列可迁移技能和职业价值观作为支撑，这也是全世界各行各业的雇主都渴望在从职场新人到董事会成员候选人身上找到的技能和价值观。为什么这一点在学校以及花费不菲的大学项目中都没有人教，原因不得而知，然而这些技能和价值观是取得职业生涯成功的基础。这些技能和价值观可以分为以下几个部分：

- 你目前职业的专业技能。这些就是让你有能力完成工作的专业才能，包括完成一项任务所需要的技能以及如何有效并高效地运用这些技能。如果你想在你的行业内找到工作，这些专业技能是必需的。虽然这些专业技能是可迁移的，但不同的行业要求不同，你目前的专业技能大部分只能在你的行业内进行迁移。

- 所有行业都适用的可迁移技能。无论你的工作是什么，这套技能都支撑着你在工作中有效运用专业技能。它们是你在目前的以及未来你可能追寻的其他行业（包括你的梦想和创业生涯）取得成功的基础。
- 职业价值观。与可迁移技能互补并具有同等重要性的职业价值观备受雇主们推崇。职业价值观是一套相互联系的核心理念，让职业人士能够在任何特定情况下都做出正确的判断。

可迁移技能和职业价值观的重要性引发了面试以及员工选拔科学的一种全新方式，即行为面试法。这些行为面试技巧［在《终极求职指南》和《如何管人管事：在不确定的世界中取得成功的秘诀和策略》（*Knock'em Dead: Secrets and Strategies for Success in an Uncertain World*）中有详述］现在已成为选拔过程的主流方法，因为这些方法能够确定你是否具有可迁移技能和职业价值观。

可迁移技能和职业价值观综述

当阅读以下每项可迁移技能和职业价值观的细分条目时，比如读到沟通技能时，你可能会想："对，我明白沟通技能在各项工作以及晋升阶梯的每一步中有多么重要。令人欣慰的是，我的沟通技能很好。"如果是这样，你就花点时间回想能证明你的沟通技能的实例，以及这些实例对你取得工作上的成功起了什么作用。

之后，你可能读到多任务处理能力，并且意识到你需要在这个方面有所改进。每当发现需要提高一项可迁移技能时，你就可以把它作为一项职业发展计划（professional development project）去提高那项技能。你对这些方面的留意会让你在接下来的职业生涯中获得回报，无论你以什么谋生。

某些可迁移技能和职业价值观被认为在世界各地的各项工作、各个层面、各行各业中取得成功都是不可或缺的。这些技能和价值观包括以下方面：

沟通技能	动力
批判性思维	决断力
多任务处理能力	诚信
团队合作能力	生产力
创造力	制度和流程
领导力	

你在每个招聘启事中都能找到表示这些技能的某些关键词和短语，比如沟通技能、多任务处理能力、与他人紧密合作、创造力、批判性思维、动力、诚信等。这些词语如此常用，以至有些人会忽略它们的意义。这些词语绝非毫无意义，而是代表着大多数求职者难以窥探的秘密用语。那些“懂了”的人也是那些获得工作机会的人。

这些关键词和短语代表着使你能出色完成工作的那些技能。之所以被称为可迁移技能和职业价值观，是因为无论对于何种工作、何种行业或者职位的晋升，这些技能都关乎成败。它们是你在日常工作的各个方面能成功履行职责的重要因素。

所以你要花一些时间比较一下这些可迁移技能和职业价值观与你的“客户”定义下的你的工作职责（参见你的目标职位解析练习），并找出哪些可迁移技能和职业价值观有助于你有效执行每项工作职责。

可迁移技能

美国大学与雇主协会（National Association of Colleges and Employers，简称 NACE）是由美国的一些大公司招聘人员和大学就业服务专业人士组成的，他们对这些问题的看法达成了一致意见，明确列出了任何一个进入职场的人要想获得成功所必备的七项可迁移技能。这七项技能包括：专业技能、批判性思维、沟通技能、多任务处理技能（时间管理和规划）、团队合作技能、领导力以及创造力。

专业技能

你在工作上的专业技能是你在目前的专业领域中获得成功的基础，没有这些技能，你连工作也找不到，更别说保住工作或者赢得晋升了。这些技能代表着你做这项工作的能力，也是你日常履行工作职责必备的基本技能。这些专业技能在不同的行业各有不同，不一定是指技术上的或与科技有关的能力。

不过，任何职位都必不可少的专业技能之一就是技术上的能力。你必须精通与你的工作相关的所有科技和互联网应用。即使你的工作不在科技领域，拥有强大的专业技能也会增强你工作的稳定性，帮助你获得更好的职业成长。

你的专业技能有些只能用于你目前的职业，有些（使用 Word、Excel、Powerpoint 就是几项显而易见的技能）则在各个行业和专业领域中都可以迁移。在你所选择的职业道路上保持基本的专业技能和技术技能与时俱进，是你职业稳定和成长的基石。

批判性思维

正如我在前一章提到的，无论你的工作是什么，它之所以存在，就是为了在你所擅长的领域解决问题或者避免出现问题。批判性思维、分析能力或者解决问题的能力代表着处理工作中面临的挑战的一套系统方法。批判性思维让你能够全面考虑问题，确定挑战是什么以及可能的解决方式，然后评估并实施所有可选项中的最佳方案。

任何项目成功的百分之五十都在于准备阶段，批判性思维就是这个准备阶段的核心。除此之外，采用批判性思维来正确地定义问题，总是能够发现更好的解决方案。

沟通技能

如今，任何职业都要求具有良好的沟通技能，但是到底什么是沟通技能呢？职场中提到的沟通技能，是指四项主要技能和四项辅助技能。

四项主要沟通技能有：

- 口头表达技能——说什么以及如何说。
- 倾听技能——倾听是为了了解对方，而不只是等着轮到你开口。
- 写作技能——清晰的书面交流能够给人留下持久的印象，对从事任何职业获得成功都很重要。

- 技术性沟通技能——评估各种沟通媒介的优点、缺点和适用性，然后选出适合你的受众和传递信息的媒介的能力。

四项辅助沟通技能有：

- 仪容仪表——能让别人知道你是怎样的人以及你的自我感觉如何。
- 社交礼仪——在各种场合中你如何对待他人，能表现出你的职业性。
- 肢体语言——能展示出你内心深处的想法，是一种先于你的语言进行沟通的方式。要想实现真正有效的沟通，你嘴上说的和肢体所表现的必须一致。
- 情感智商——你的情感自我意识，你在各种人际互动中对待他人的成熟度。

沟通技能还和批判性思维密切相关，使你能够准确地分析接收到的信息，并根据受众的兴趣和社会经验，用有说服力的语言表达你的观点，这样他们才能听明白并接受你的观点。如果你能掌握这项沟通技能，那么你将对你要实现的目标、别人对你的看法以及你的人生走向做到强有力的控制。

多任务处理技能

多任务处理技能是如今最受重视的技能之一。然而，大量研究结果显示，如今职场对多任务处理的要求处处给职场人士造成巨大的挫折感和崩溃感。问题不在于多任务处理，而在于设定多任务处理就意味着对所有面临的刺激做出反应，并因而随着任务的紧急程度从一项任务跳到另一项任务。对多任务处理的这种定义，会让你感觉好像要被五马分尸了。

只有少数人了解多任务处理技能建立的基础，即良好的时间管理和组织能力。以下是其基本内容：

排列优先顺序

多任务处理技能建立的基础有以下三点：

- 具有组织性。
- 排列优先顺序。
- 管理时间。

计划、执行、回顾的循环

每天结束时，你要考虑一下以下事项：

- 上午和下午发生了什么？
- 哪些事很顺利？多做这样的事。
- 哪些事不顺利？如何补救？
- 明天需要推进哪些项目？
- 给每个项目排序。A= 明天必须完成；B= 明天最好完成；C= 完成 A 和 B 后还有时间再做。

- 根据优先顺序列出清单。
- 按照清单的顺序逐一执行。

每天结束时这样做，会让你了解你完成了什么，并让你确保今天把时间都花在了最重要的活动上，且明天还将这样按部就班。这种内心的平静能让你感觉更好，睡得更好，并在第二天保持专注，做好准备。

团队合作技能

公司都要依靠团队，因为职场是围绕能赢利的各类复杂挑战运转的，这种复杂性要求由人组成的团队提供持续的解决方案。这意味着，你必须与其他具有完全不同职责、背景、目标和专长的人友好并有效地合作。个人的主动性的确很重要，但作为一个职场人士，你所做的大部分真正重要的工作将是作为一个团队成员来完成的。你职位的长期稳定性和成功要求你掌握团队协作、团队决策以及团队沟通的艺术。

团队合作要求以团队的和谐与成功为首要目标。这意味着，你接受一项任务是因为这项任务需要完成，而不是因为这能让你表现更好。

作为一名团队成员，你要做到以下几点：

- 努力配合。
- 努力依据团队目标做出决策。
- 努力与团队成员保持信息同步。
- 绝对信守承诺。

- 及时分享荣誉，从不抱怨。

如果你在职业生涯中成了一名成功的领导者，那么你肯定首先是一名可靠的团队成员，因为一名领导者在能充分掌控团队合作以前必须了解团队合作的动力。如果团队合作能力与其他可迁移技能和职业价值观相配搭，那么这会给你带来更大的职责范围和晋升空间。

领导力

领导力是所有可迁移技能中最复杂的一项，它结合了所有其他技能。在培养团队合作技能时，你会注意到，你非常乐意跟随真正的领导者们，而不乐意与不尊重你、不在意你兴趣所向的人为伍。如果别人相信你的能力，相信你把每个人的成功作为你的目标，他们就会愿意跟随你。如果你的行动能够激发别人思考更多、学会更多、做得更多并获得更多，你就已经是一个领导者了。而你也最终将得到认可，并获得进入管理阶层以及晋升的机会。以下说明了其他可迁移技能是如何共同构成领导力的：

- 你作为领导者的任务就是帮助团队获得成功，你的团队合作技能让你能够把团队成员紧密凝聚在一起。
- 你的专业技能、批判性思维和创造力有助于你正确地找出你的团队所面临的挑战，并给予你引导团队实施解决方案的智慧。
- 你的沟通技能能够使团队成员接受你的指令和目标。没有什么能比一位说不清为什么要做这些工作的领导者更让人士气低落了。
- 你的创造力（接下来将探讨）来自你对你所从事的行业、职位以及具体工作的广泛涉猎，使你能够制订出别人可能想不到的解决方案。

- 你的多任务处理技能建立在良好的时间管理和组织能力的基础上，让你能为获得成功规划出可行性的蓝图，还能让你的团队成为工作的主人，并按时提交预期的结果。

领导力是所有这些可迁移技能以及我们即将探讨的所有职业价值观相结合的产物。领导者不是天生就会领导的，而是通过后天练就的。而且正如其他事情一样，这需要不断努力。

创造力

你的创造力来自你对你所从事的行业、职位以及具体工作广泛涉猎的范围。这种广泛涉猎让你能够认清挑战背后隐藏的规律，并且连点成线，制订出其他人可能想不到的解决方案。其他人可能过于关注问题的细节，因而缺乏全局观，无法退后一步，从一个更宏观的背景来看待问题。

有创造力和有想法大不相同。想法就像头疼：我们偶尔都会遇到，而且它可能偷偷地来，又悄悄地走。而创造力是一种能力，能根据策略、技术诀窍生发出可实施的想法。当一个人的想法能产生实际的成果时，他才是有创造力的。其他可迁移技能会为创造力助力。创造力发源于以下方面：

- 你在某个技术专长领域（专业技能领域）中所运用的批判性思维。

- 你的多任务处理技能与你的批判性思维和专业技能相结合，让你能把面临的挑战分解为具体的步骤并决定哪种解决方式最佳。
- 你的沟通技能让你能有说服力地向你的目标受众说明你的方法及其构建的基础。
- 你的团队合作技能和领导力让你能够获得别人的支持，并把你的想法付诸实施。

找到解决挑战的创造性方法可能需要时间，也可能来自灵光乍现，但是你用来培养能带来创造力的辅助性技能的时间越多，你就越能让它们在一瞬间完全成形。以下是你在职业生涯中培养创造力的五条规则：

- 无论你做什么，都要全身心投入。无论做什么都要努力提高自己的能力，因为你对周围的世界涉猎越广，你就越能看清你所处行业的规律和联系，从而获得你所需要的更丰富的素材，促使你的想法被接受并成为现实。
- 每天学点儿新东西。你要把追求知识当作一种生活方式，在各个方面尽量汲取养料。学习能锻炼你的大脑，为你的思维注入信息，不断拓展你的视野，以便应对挑战。你也因此将建立起其他人所没有的连接，提出被认为具有神奇创造力的解决方案。
- 不要放过任何想法。把你的想法记在智能手机里或找张纸写出来。只要能记录那个想法，用什么东西记都无所谓。
- 接纳你这一层世界的局限性。这能让你思考，测试你技能的界限以及你涉猎的深度，并真正激发创造力。不信你可以问问任何一个成功的商业领袖、企业家、作家、艺术家或者音乐家。

- 不要把时间浪费在社交软件或者电视上。你需要体验生活，而不只是冷眼旁观。如果你要看电视，就设法通过科学、历史或传记类节目学些什么或者激励自己。你如果要上网，就要有目的地上网。

培养创造力让你能够把想法付诸实践。同时，培养上述七项相互联系的可迁移技能中的每一项将有助于你梦想成真。

职业价值观

职业价值观是让职场人士能在任何情境下都做出正确判断的一系列相互联系的核心信念。这套价值体系得到雇主们的高度认可，同时也是可迁移技能不可或缺的补充内容。

动力和能量

动力和能量通过你对你的工作和职业的投入度以及热忱得到体现。它们涉及在专业方面进行学习和成长的迫切度，以及在追求有意义的目标时泰然处之的意愿。动力总是通过你在工作中显示出的能量得以展现。如果你很有动力，你就总会付出额外的努力去把工作做好。

投入度和可靠度

投入度和可靠度代表你对你的职业的奉献度，以及由于了解你对集体做出的贡献而获得的赋能。你的投入度通过你的可靠度得以体现。一个全心投入的职场人士为了完成工作愿意做任何事，无论何时，无论多久。做到这点可能包括接受其工作说明中所不包含的职责，而且你还可能会被那些不太有远见的同事认为这是“大材小用”。

决断力

你在艰难情境中表现出的决断力表明你是一位面临困境或问题时决不退缩且适应性很强的职场人士。这项职业价值观标志着你愿意参与到解决方案中来。

一个有决断力的职场人士每一天都会有所改变，因为这是应该要做的事情。

为了完成工作，你不辞辛劳，同时你也将代表认可同样价值观的同事们展示这种决断力。

自尊和诚信

如果一项工作值得去做，那就值得好好做。这就是你工作中的自尊真正的含义：留意细节，并全心投入，竭尽所能。诚信适用于你的所有业务，无论是对同事、领导、客户还是供应商，都是如此。诚实为上策。

生产力

一个真正的职场人士在其职责范围内总是通过有效运用时间、资源、金钱和努力，尽可能提高生产力。

节约

节约不一定代表贫困或者物资短缺，而是意味着你要物尽其用，让每件事物发挥最大效用。懂得节约使用各类资源的公司在顺境和逆境中都能获得成功。如果你知道如何做到节约，那么你也能获得成功。

制度和流程

制度和流程是所有可迁移技能和职业价值观的自然产物。你的尽职尽责会让你理解为什么需要制度和流程，而且要在经过慎重考虑后执行这些制度和流程。你了解制度和流程并总是会遵照执行。你不会在没有跟团队成员详细讨论并得到正式许可的情况下，就实施你自己认为“更好的”流程，或者鼓动别人这样做。如果你发现做事的方式不合理或者妨碍了效率和营利性，那么你可以通过调整制度来加以改变。

技能培养是值得的

培养可迁移技能和职业价值观是明显符合个人利益的，因为你的努力会以更好的工作安全感和更高的职业发展平台作为回报。你越专注于自己的职业，就越可能进入任何部门和公司的核心圈层，从而获得称心如意的工作和升职加薪。

任何一个体现出这些可迁移技能和职业价值观的人都会得到认可和尊重，成为一个尽善尽美的职场人士。

你具有这些令人钦佩的品质是一回事，让别人知道你具有这些品质是另一回事。为此，你需要做到以下方面：

- 培养这些技能和价值观。
- 在塑造你的职业形象过程中处处体现出这些品质。
- 了解每一项品质将如何提升你的工作能力。
- 在你的简历和其他书面沟通文件中巧妙地提到这些品质。
- 在和雇主见面时恰当地提到这些品质，因为这些潜在技能将让你出色地完成工作。

在简历、求职信或面试中做出说明性回答时，你可以使用能说明你在工作中运用这些技能或基于这些价值观作用的具体事例。但最重要的是，这些技能必须成为你的一部分，这样无论你做什么，它们都能为你带来成功。

认清自己的竞争优势

要想得到好工作，你需要让自己与其他候选人有所区别。以下问卷将帮助你认清你为何与众不同，其中的每一项都是你的职业形象的组成部分。

这不是说你将在这里发现什么惊天动地的事，这些都是与你一贯具有的行为和信念相统一的，只不过你可能从来没有理解到这些价值。你将不断感到“当然，我早就知道了”。

完成显示屏上的这份竞争差异问卷

你可以在 www.knockemdead.com 网站上找到以下问卷增强版的微软 Word 文档，然后点击并查看简历建议（resume advice）页面上的

“竞争差异问卷（The Competitive Difference Questionnaire）”标题。

竞争差异问卷

列出最能体现你的职业本质属性的可迁移技能、行为方式和价值观，并加以排序。

____

____

____

____

你认为将来的职业发展需要具备哪些可迁移技能、行为方式和价值观？你打算怎么做？

____

____

____

____

你和所在部门或职位中的佼佼者有什么共同的技能、行为方式、价值观或其他特点？

____

____

____

____

你具备哪些素质，取得了哪些成绩？

____

____

你和与你共事的人有哪些不同？

你认为你具有的可迁移技能和职业价值观中哪四项是最起决定性作用的，每一项又是如何有助于你的工作表现的？

你身上最起决定性作用的职业素质是如何帮助你为团队做出贡献的？

1. __________
2. __________
3. __________
4. __________

你身上最起决定性作用的职业素质是如何帮助你为实现部门目标做出贡献的，或如何帮你辅助你的老板的？

1. __________
2. __________
3. __________

4. ______________________________

是什么让你能从你的职位或职业中脱颖而出？

____

____

____

____

如果你觉得你并不算出众，但是你想做到，那么用几句话说明为什么你所钦佩的人能够脱颖而出，你有什么改变的计划。

____

____

____

____

在工作中，你在哪些方面比其他同等职位的人做得更好？

____

____

____

____

你的哪些工作职责最能激发你？

____

____

____

____

你在工作上取得的最大成就是什么？

____

____

____

____

你的同事如何评价你？

____

____

____

____

你的领导如何评价你？

____

____

____

____

你的测评报告如何？

____

____

____

____

你最出色的四项专业技能是什么？

技能 1：______________________________________

这项技能的可量化成果：______________________________

技能 2：______________________________________

这项技能的可量化成果：______________________________

技能 3：______________________________________

这项技能的可量化成果：________________

技能 4：________________

这项技能的可量化成果：________________

你最出色的四项领导技能是什么？

技能 1：________________

这项技能的可量化成果：________________

技能 2：________________

这项技能的可量化成果：________________

技能 3：________________

这项技能的可量化成果：________________

技能 4：________________

这项技能的可量化成果：________________

你认为你在工作上取得的三项最重要的成果是什么？

1. ________________

2. ________________

3. ________________

你所做的工作中给你最大满足感的是什么？

____

____

____

将你所具有的可迁移技能、职业价值观和成就结合在一起，你能为你心仪的雇主带来哪些价值？

____

____

现在编制背书信息：查看你工作履历中的每一个主要职责领域，写出别人对你的工作表现做出的任何积极的口头或书面评价。

重新读一遍你的答案，然后用三个陈述句说明你的职业本质属性以及你的竞争差异。

将这三个陈述句再合并成一句话，这就是你的竞争差异点。

一旦你完成了这份竞争差异问卷，并认清你的竞争差异点是什么，你就会对作为职场人士的自己有一个全新的认识。下一步就是，你要把这种全新的认识以及你的竞争差异编写进你所有的求职信里，并在这个过程中塑造出你的职业形象。

名副其实的职业形象

你一定要兑现你的职业品牌的承诺。承诺的基础必须是你所具备的专业技能，即能够从一项工作转入另一项工作的可迁移技能以及融入你的职业生涯的职业价值观。

言过其实往往很容易，一个雇主可能最初会被你简历上的魅力吸引，但是否符合其价值主张才能决定你们这段雇佣关系能够维持多久。

如果一盒麦片不符合其广告宣传的内容，下次你就不会再买；类似地，如果你通过夸大其词和彻头彻尾的谎言把自己塞进一个错误的职位，你就可能会失去那份工作。此外，你还要承担可能以后数年都对你的职业发展造成损害的风险。

具有明确职业形象的好处

具有一个明确的职业形象最直接可见的好处可能就是，了解自己获得职业成功所需要的技能和特质有哪些。另外，你的职业形象对于你的长期发展和成功都极有价值。如果你了解自己是谁，能做到什么以及希望别人如何看待你，就能让你与众不同。同时，由于你了解自己，并能与别人沟通这种认知，你将拥有专业风采。

建立职业形象是一项长期而艰巨的工作

全球化已经让你的工作比从前更不稳定，而你在至少长达半个世纪的工作生涯中都将不断工作挣钱。因此，在你建立起最初的职业形象作为求职策略的一部分后，即使找到新工作，你也不要放弃它。

在这个全新的、不稳定的工作环境中，你有必要在你的专业领域中保持知名度。这无非就是通过简历、求职信和其他求职沟通信息，为你在求职过程中开始建立的职业形象做出明智的市场定位。这个逐渐形成的职业形象应该成为你在领英网和其他职业化社交网站上展示出来的专业档案中不可分割的一部分。你的形象能够提升你在专业领域以及招聘行业的信誉和知名度，让更多的雇主愿意雇用你，这样你的选择也就更多。

在漫长的职业生涯中，生存下来并获得成功的职业人士总是那些多付出了一点努力去确保实现目标的人。当你完成了本章的任务之后，你将获得比以往更强烈的自我意识，你将确切地知道你得为这个专业领域提供什么。在了解你的立足点以及你的人生目标后，你就能规划出指引你到达目的地的路线图了。

第5章

一封优秀的求职信所包含的要素

在撰写你的履历以及你的职业素养时，为自己的成就自豪还是傲慢只有一步之遥。

既然你已经清楚自己如何与众不同，而且你已经能用一个说明个人形象的陈述句加以描述了，你就可以在你的求职信和其他各种形式的书信中反映出来，用以在求职过程中让自己脱颖而出。顺便提一句，你也已经能够在你的简历中反映出这一点了，相关内容请参见最新版的《终极求职简历》(*Knock'em Dead Resumes*)。

电子求职信和打印求职信的区别

如今的职场可能要求工作繁忙、任务繁多的职员每周工作 50 个小时甚至更多。人人都忙得不行，人人都心烦意乱。公司主管们常常只看到一条消息的头几个词就决定了是否回复一通电话或者一封邮件。他们认为，如果你不开门见山，他们就不必浪费时间，你的沟通能力不足不是他们的问题。无论你是通过电子邮件还是传统信件发送求职信和简历，你都是在努力争取受众们的注意力。成功沟通的关键在于编制一封内容清晰、结构合理、扣人心弦、直入主题的信件。

一封求职信就是一篇精心编排语句顺序的记叙文，并围绕着一个目标：为你和收信人构建一座相互连接的桥梁，并让你的简历得到足够的重视。

虽然你可能需要创建不止一种求职信，但是你可以从创建一封普适性的求职信开始。然后你可以把这封信当作一个模板，进行剪切、粘贴，并为实现不同目的加以调整来创建其他求职信。这封信应该简明扼要，并且注重雇主需求，这是一件“必需品”。

求职信写什么

如果你做到以下每一项，那么你的求职信将是最有效的：

- 称呼某人的姓名。只要有可能，就要找到与招聘和甄选过程有关的某个人，最理想的是一位招聘经理。如前所述，通常是比你的职位高 1~3 个职级的管理层人士。
- 提及一些已经被你发现的与收信人、职位或公司具有的共同点。
- 说明写信的缘由，尽可能地根据读信人、职位和公司量身打造这封信。
- 要包含与你应聘职位有关的信息。如果你完成了本书前面的目标职位解析练习，你就会发现，即使你没有看到招聘启事，你也能够做到这一点。
- 表现出你对工作的专注、兴趣和自豪感。前一章里的建立职业形象练习有助于你做到这一点。
- 在专业性和友好性之间保持平衡。
- 不卑不亢地明确要求进入应聘程序的下一步。

在讨论求职信的格式之前，我们先花点儿时间多谈谈上述列示项中的一些细节。

什么样的求职信会起作用

第一步就是要抓住读信人的注意力。只要有可能，你的求职信就应该以一种个人式的问候开场。电子邮件大大提升了书面沟通的轻松度，且不必遵循很多写信的规矩，但你必须总是以一句打招呼的问候语作为信件开场，并设定一种职业化的语气。如果你不用一句问候语开始你的信件，你立刻就会被认为是个没掌握商业沟通技巧或缺乏基本社交礼仪的人。由于书面沟通在如今的职场中如此重要，你的求职信如果一开头没有打招呼，可能就会被忽视。因此，你的求职信最好以一个人的名字来开头，同时要拼写正确并使用以下格式：

- “尊敬的耶特先生”（标准）。
- “你好，耶特先生”（更随意，但也不错；不适用于法律、医药和教育行业）。
- “尊敬的马丁·耶特”或者“你好，马丁·耶特”（如果你是一位有经验的职场人士，这是可以的，但如果你是个职场新人或才工作了两三年，就不要这么写）。

如果你以前没和收信人联系过，就不要直呼其名（例如“你好，马丁”或者“尊敬的卡萝尔”）。如果你们谈过话，并且得到允许直呼其名，而且年龄相仿，职级相当，你就可以直呼其名了。如果你年纪比较小，即使对方同意你直呼其名，那么你也只能私下这么做。写信的时候使用正式的称呼，是一种尊重他人的表现，同时你也会受到赞赏的。

求职信的开头

你要说的话必须简明扼要，这样你的求职信才永远不会超过一页纸。同时，你需要找出与读信人的共同点，并以最佳的方式展示自己。信的第一段用来充满自信地自我介绍并说明你写信的理由，也可以包含一句话，呼应你在简历开头对自己的描述。

以下是一些例子：

"我们共同的朋友，在C软件公司工作的卡萝尔·姆拉茨让我跟您联系。我们以前没有沟通过，但是卡萝尔认为我们可能会有一场有趣的谈话，尤其是在您正需要一位年轻而勤奋、拥有良好的教育背景、乐意跟随一位公认的行业大咖从头学起的营销经理时。"

"我们共同的同事约翰·斯坦诺维奇觉得我的技术和能力对您的公司具有价值……"

"您在圣弗朗西斯科公司的经理帕梅拉·布朗森建议我跟您联系，是关于________职位空缺的。"

"我上周从萨凡纳银行分行经理亨利·查尔斯那儿听说您的名字，他建议我联系您。为避免他转发给您的简历没有送达，我又附上了一份。"

"您的办公室经理阿瑟·戈尔德也是我的邻居，他认为我应该联系您，是关于您会计部门即将招聘的职位的。"

"我的一位同事戴安娜·约翰逊向我推荐了您的猎头公司，因为近期您的公司帮助她在事业方面取得了巨大进展。我知道您的公司在消费品行业颇有名气。”

“上个________，我在那个进出口研讨会上和您有过短暂会面，并非常认同您关于沟通不良会拉低生产率的论述。鉴于我正打算把我在物流方面的________年专业经验贡献给一家对全球配送具有重大意义的公司……”

如果没有推荐人和招聘启事

“我在寻找一家________行业中领先的本土公司，作为一家顶尖企业，________的名字不断出现在我眼前。这更证实了我在坚持做远程教育工作者的三年中形成的观点。”

“去年，就在我的导师提起过________是我们这个行业中的优秀公司之一后，我看到您在协会会议上发表了讲话，我十分认同您对于生产率的论述。鉴于我正打算把我在物流方面的________年专业经验贡献给一家大公司，我认为现在正是时候做个自我介绍了。”

“我知道您是一位希望工作顺利开展的经理，您所需要的是有能力、工作专注且目标明确的员工……”

“我一心一意想找到一位投缘的老板，以便能够在一家一贯打造顶级制作的________发挥自己的最大才能。我是一位具有高度积极性的制片人，希望加入行业领先且作风硬朗的团队并做出贡献。”

“我认为展示出我的进取心和创意的最佳方式就是，采用优先邮件（priority mail）* 的方式向贵公司发送我的简历。同时，我也用电

* 优先邮件：美国邮政的邮件类型之一，在邮件分拣系统内享有优先处理的特权。——译者注

子邮件给您发了简历，并把简历上载到了贵公司的简历库中。销售的关键就在于要提高成功率……而且我想，您会乐意离开电脑屏幕，稍事休息。”

“自从我参加（读过/听说过）________以后，我就一直想联系贵公司。为此，我做了一点儿调研，并证实了贵公司是我希望加入的公司，而且我所具有的这种分析能力以及富有创造性的进取心，能够成功应用于贵公司目前的项目中。”

“我一直在《共同基金通讯》上关注贵公司的表现。我曾在贵公司的一家直接竞争对手公司从事关键性的客户服务工作，我认为我能为贵公司做出突出贡献……我注重细节，擅长解决问题，并曾与各种类型且往往难缠的客户打过交道。”

“最近，我在调研本地的________行业。我调研的重点在于找到行业内广受尊敬，并且会对员工的付出做出职业发展上的奖励的公司。我正是这样的员工，而贵公司显然正是这样的公司。我拥有优秀的技术技能、敏锐的商业头脑，以及对于快速变化环境中的复杂技术项目的良好管理技能。”

“虽然目前我就职于贵公司的主要竞争对手之一，但我必须承认，当我访问了贵公司的网站后，我为贵公司的使命宣言所倾倒。”

“几周以后，我将从纽约搬到________。通过调研________的公司，我认为贵公司是我想要接触的，因为……”

“________行业的状态变化如此迅速，大部分从业者都难以跟上脚步。随附的简历将说明我是一个例外，并渴望凭借我作为________所积累的经验为贵公司服务。”

如果你要应聘一份招聘启事中的职位

“贵公司23567号招聘启事提到了需要有进取心和创造力的人。我认为展示我的进取心和创意的最佳方式就是，采用优先邮件的方式向贵公司发送我的简历。当然，我也通过电子邮件向贵公司发送了简历，但营销传播的关键在于心理影响和效果……因此我知道您已经了解了我的意思，会欣赏这一逆向思维，并享受离开电脑屏幕的片刻休息。”

“我在1月5日读到了贵公司网站上的招聘启事，并感到我应该有所回应……”

“贵公司在________网站上关于________的网络招聘启事引起了我的注意，同时贵公司的名号也引起了我的兴趣。”

“这封电子邮件，以及随附的简历，是应聘贵公司在________的招聘启事的职位。”

“我读了贵公司10月6日登在《哥谭日报》(*Daily Gotham*)上关于________的招聘广告，在查看过贵公司的网站后，我觉得一定得写信来……”

“请参见CIAA5670号职位。如果您对照一下贵公司对________的要求和我随附的简历，您就会发现我的整个背景经历完全符合贵公司的要求。”

“这封信及随附的简历是为了回复贵公司在________的招聘启事。”

“我看到贵公司在________.com上对会计职位空缺（S9854号职位）的招聘时非常激动。正如我随附的简历中所显示的，这个空缺职位完全符合我15年来发放工资、记录总账和应收账款的工作履历。”

"在浏览________.com 上的职位库时，我对贵公司区域销售经理的招聘启事很感兴趣。"

如何自我展示

如果你还没有像上面那些你刚读过的样例那样构建出你写信应聘的理由，你现在就应该进行自我展示，并设法找出作为职场人士的你身上的可取之处。

"我写信来是因为……"

"我联系贵公司的理由是……"

"……您可能有兴趣了解……"

"如果贵公司在寻找一位________，您将有兴趣了解……"

"我期待和您谈谈贵公司对________的人员需求，以及为什么我或许能为您的部门目标做出贡献。"

"如果贵公司在这方面有空缺职位，那么从我的简历中，您将发现我是一个具有非比寻常的奉献精神、工作效率和进取心的人。"

然后，你要用一段简短的陈述说明你现在从事什么工作，或者用两三段话陈述你的能力。你可以用一小段话或者一些条目列出你的一两项特殊贡献或成就，可以包括能说明你所具有的才智和能力的资格证明，做出的贡献或者你的特质。

你还可以利用求职信中的这个部分来说明你出于某种原因暂时不能在简历中加以说明的一个具体职位空缺的某个方面。

或者你可以利用求职信强调招聘启事中的一个或多个优先条件。

在我的简历中，您将看到对我在公关方面的才智的证明，包括：

- 进行战略性沟通和有影响力的公关活动的说明性记录。
- 建立媒体关系并发布软文，包括美国广播公司《今晚世界新闻》（ABC World News Tonight）、至顶网（ZDNet）等。
- 具备管理团队、财务、预算、客户和高层管理者等方面的经验。
- 建立客户忠诚度和满意度。
- 了解高科技行业和业内公司。
- 成功开拓新业务。
- 是个自我驱动的团队成员。

虽然目前我就职于贵公司的一家竞争对手公司，但我一直在寻找加入贵公司的机会。在过去的一年中我已经：

- 建立了一支有七位销售代表的销售团队，并且促使个人业绩平均增长了 14%。
- 实施了一项客户服务计划，成功地把客户流失率降低了 18%。
- 启动了保修跟踪服务，使追加销售提升了 7%。
- 增加了 430 万美元的营业收入。

作为一个在消费品行业做了 12 年营销总监的人，我曾经：

- 用 18 个月时间使销售收入翻倍。
- 引入一款新产品，并使之占据了 38% 的市场份额。
- 成功管理过 500 万美元的广告预算。

“我拥有哥伦比亚大学经济学的专业背景，并运用先进的量化分析策略模拟经济的周期性波动。这使我在过去的 12 年中总能抓住所有重要峰值和谷值。”

“我注意到在贵公司的招聘启事中，具有远程教育环境下的培训经验是一项优势。您在我随附的简历中将看到，我有五年为新媒体撰写和制作销售及管理培训资料的经验。”

“贵公司希望找到一位具有内联网执行和管理经验的数据库管理员。正如我附上的简历中所说明的，我在一家地区性企业工作过六年，该企业平台拥有 1.5 万名用户：

- 进行桌面技术升级。
- 负责硬件和外围设备的选购。
- 协调计算机工作站的安装工作。
- 培训用户。
- 在预算内以及给定的期限前完成全部升级工作。为公司节省 2.5 万美元。”

你的目的是让读信人看完求职信再看简历时，已经强烈感觉到你能够胜任这份工作，而提及一个职位的关键要求就能做到这一点。鉴于你想让读信人尽快去看你的简历，求职信要简练是至关重要的。要让读信人想了解更多内容；求职信不能把你推销出去（那是简历的作用），但应该让你得到慎重的考虑。求职信要吊起读信人的胃口，仅此而已。

让读信人清楚你希望面谈

你要说明在何时、何地以及如何能联系到你。你还可以主动告诉读信人，如果到某个时间点还没有人联系你，那么你可以跟进联系对方。正如你努力创造一个强势的开头一样，你要确保你的结尾也同样令人信服。结尾是读信人对你的最后一个个人印象，所以结尾要有力、严密，并明确表示你非常期待进入有意义的对话阶段。

实用的语句包括：

“我很乐意为您提供有关我的资质和经历的更多信息……”

“我期待有机会探讨您的具体项目，并探索加入您团队的机会。”

“我十分期待能够和您进一步探讨我们共同的兴趣点……”

“我希望尽量不在工作期间花费雇主的时间接听私人电话，但您可以在________联系到我。”

“20号左右我会在您所在的区域，在那之前我会致电给您。希望能够安排……”

“我已经附上我的简历供您参考，并将在几天内致电与您商讨贵公司目前正在招聘的任何职位空缺。”

“我希望能与您进一步交流，我会在________那周致电跟进此事。”

“如有机会与您会面将是我的荣幸，为此目的我将在________致电给您。”

“我期待与您进一步沟通，并将在接下来的几天内致电，了解什么时候方便与您面对面开会。”

“我能建议与您会面，以便您有机会测试简历背后的这个人吗？”

“我的资格证书和业绩都是有记录可查的，我希望在我们见面时您可以全面查验。您可以通过________联系到我。”

“我期待了解任何一种您认为我的背景和技能将有助于（公司名称）的方式。期待您的回复。”

“简历有助于您从备选者中加以择优，但通过简历无法判断一个人的个人才能。我希望能与您面谈，并向您展示我具有成为一个成功的________的专业能力。”

“我下周二和下周三将在您所在的区域，不知您哪天方便。我会给您致电商定此事。同时，如您能对我的申请资料保密，我将不胜感激，因为我目前还未离职。”

“我具有培训和实操的经验，因此我知道我能为________贡献力量，希望能与您面谈。什么时间合适？”

“读过我的简历后，您将对我的背景有所了解。然而您仍需要确定我是否能够帮您解决眼前的问题和挑战。我愿意参与一次面试，和您探讨我有哪些能力会对您的部门目标做出重要贡献。”

“你可以通过（家庭或备用电话号码）联系我来安排一次面试。我肯定您花时间和我见面一定能有所收获。”

“感谢您花时间考虑我的申请，希望很快得到您的回音。”

“我可以近期致电给您询问面试事宜吗？”

“一通简短的电话能让我们清楚彼此是否有共同兴趣。考虑到您的日常安排，我将在星期二的午餐时间以前致电给您。”

有的人认为，如果他们会打电话跟进，那么在信件结尾处加一个日期或时间会很有效，比如“如果之前我们没有联系，我将在周五致电给您”或者“如果之前我们没有联系，我将在周五上午10点致电给您”。这样做的目的是表明你是认真的，也很有条理，能有效规划时间，这些都是可取的行为特征，能够体现一种目标导向的完美职业形象。

一个十足的傻瓜履历写手曾经说，如果雇主“被迫”坐下来等电话，他将感觉受到了冒犯。在涉足招聘过程超过30年后，作为一个猎头、一名招聘经理、一名人力资源主管，以及与全世界的管理层接触并撰写这类话题的作者，我从未见过一个人因为要等这样一通电话而感觉受到强迫。这些人反而的确会注意到的是那些不信守承诺打来电话的人。因此，你如果采用这种方法，就要信守承诺，这也是你职业形象中价值定位的一部分。

既然你已经基本了解了哪些因素会影响求职信和其他找工作用到的书信，我们接下来就来讲述让这些因素起作用的具体细节。在本书稍后的内容中，你会看到不同类型的求职信样例：后续跟进信件，社交式信件，感谢信，叙旧信件，任职同意书，拒绝信和辞职信。你还可以在 www.knockemdead.com 上的本书电子版中找到随时可用的求职信模板 Word 文档。

关于钱的问题

招聘广告有时要求提供薪酬信息，比如你目前的薪酬、对薪酬的要求或者以往的薪酬水平。这些年来，人们对这个问题都过于关注了。

招聘者和招聘经理询问你的薪酬主要出于两个原因：

- 因为所有的职位都有规定的薪酬范围，所以无论你的技能有多么高超，都很难获得超出这个范围的薪酬。
- 因为这能显示你的薪酬轨迹，你可能接受的薪酬待遇，以及你所习惯的加薪比例。

同时，这样做也有其他的考量因素：

- 面试要花费宝贵的时间，经理们不愿意把时间浪费在那些由于薪酬待遇问题而不可能被雇用的人身上。
- 在经济低迷时期，银根紧缩，公司有更多应聘人选，即“买方市场”占主导地位，雇主们与超过既定薪酬范围的候选人进行沟通的意愿则大大降低。
- 如果有所例外，那就是你的职业很热门，所在的专业领域急需人才，或者你有某种独特的技能，让你具有竞争优势。

如果你写工资“面议”，就会惹恼人力资源人员。他们已经知道工资是可以面议的，所以这种答案并没有回答他们需要回答的问题。

对于经济景气环境下的热门职位，“面议”往往不会成为拒绝与一位应聘者沟通的理由，但在买方市场，“面议”恐怕并不总能获得理想的结果。

鉴于这种情况，如果你具有这些技能，并且你的要求符合既定薪酬范围，你就会得到面试机会。而如果你并非如此……那么你最好把精力用在寻找其他机会上，不过无论如何你都得提出要求，反正你也没什么可失去的。

如果让你提出薪酬要求，那么你不要把这个要求局限于一个数字，而是要给出一个范围。所有的职位空缺都有一个薪酬范围，因此提出你的薪酬范围将大大提高你符合任何职位既定薪酬范围的概率。

我该如何确定自己的薪酬范围

要想了解如何确定你该向雇主提出的薪酬范围的更多信息，请参见《终极求职指南》中有关谈判的章节。

如果你被问及目前的薪酬水平，并打算回答，就要如实作答。这不是你可以捏造的信息，这是能够而且一定会得到证实的。这方面的不符可能会导致你被解雇，而且这类事件将尾随你的职业生涯多年。以下是如何在你的求职信中谈及关于钱的话题。你在本书随后的章节中也能找到其他样例。

“根据职位以及职业发展环境的不同，我的薪酬要求范围是从________美元到________美元，加上适当的福利。”

你可以在求职信或者求职信的附件中说明这个问题，但不要在简历中谈及。这是因为你的简历可能在一个数据库中保存数年，而你的薪酬范围可能让你在公司数据库里被固化为一个职场新人的形象。以下是一份关于过往薪酬说明的样例。

过往薪酬附件

保罗·夸恩

北卡罗来纳州夏洛特和谐路86号232号公寓46776

家庭电话：(555) 555-1234　手机：(555) 555-1234　电子邮箱：me@email.com

高级运营/工厂管理专业人员

持续改进/精益六西格玛法（lean six sigma）/创业启动与周转业务/

合并与变革管理（Change Management）/程序与生产率优化/人力资源/

物流与供应链

过往薪酬

北卡罗来纳州切利波因特美国海军陆战队航空基地（2008—2010年）

首席运营官兼××××培训学校主管领导

工资：95 309美元

日本冲绳美国海军陆战队航空基地（2005—2008年）

××××维修主管——运营总经理/工厂经理

起始工资：64 484美元/最终工资：97 500美元

南卡罗来纳州博福特美国海军陆战队航空基地（2001—2005年）

部门经理/资深运营经理

起始工资：49 507美元/最终工资：64 484美元

佛罗里达州杰克逊维尔美国海军陆战队征兵站（1998—2001年）

招聘经理

起始工资：42 545美元/最终工资：49 507美元

联系方式

在电子邮件中，你的回复地址已经嵌入你的沟通方式了，你还可以在你的签名下面加上一个电话号码。一封打印信件应该包含地址、电话号码和电子邮件地址。一旦你确定了一个用于找工作的主要联系号码，你就必须确保能够随时接听到。如果潜在雇主无法联系到你，你就没有必要去找工作了。如果你使用手机，就意味着通常能接到电话，但你能保证对语音信箱和实时会议的应答总是专业性的吗？如果不能，而且你也有一部座机的话，那么你可以向电话公司申请一条电话线路通多路电话及语音信箱留言服务。好好利用这点，把一条线路专门用于求职。在你没接到电话时，或者不适合接电话时，你的语音信箱里的信息就很重要。为了让这条信息有效，你录好后，你要重放并仔细听一听，是否清晰，语调如何，录制质量怎么样。你听上去是不是一位口齿清晰又自信的职场人士？是不是能反映出你想向这个世界展现的职业形象？永远不要把你的公司电话或电子邮件用于找工作的活动。

如果你通过电子邮件发出求职信，并附有简历，那么你要确保在简历中把你的电子邮件地址设为链接形式。这样，任何人只要用鼠标一点，就可以直接从你的简历里给你回复电子邮件了。记住，关键在于让招聘者和招聘经理很容易能联系到你。你让他们越不费力，你成功的机会就越大。

第 6 章

如何写好一封求职信

把你的求职信的构成要素组织起来成为一个条理清晰且有效的整体，需要六个步骤。

第一步：确定你的目标职位

如果你一开始就清晰地确定一个你能获得并且胜任的目标职位，那么你的求职之路以及与之相随的简历和求职信将大大提升效率。一开始，你就要明确这个目标职位是什么。

第二步：研究这个目标职位

要想评估你的背景如何，你首先必须了解潜在雇主在看你的求职信和简历时，将寻找哪些内容。收集六份包含这个目标职位的招聘启事，一旦收集好了，你就可以按照在第 3 章讲述的目标职位解析练习的方法分析这些招聘启事。

第三步：回顾你最近的工作经历

当你了解了你的客户在寻找什么，以及因此他们会对什么有反应，你就该在梳理你的工作经历时着眼于那些会使这些客户产生兴趣的方面。《终极简历》和《终极求职指南》会详细引领你经历这个过程。本书不做详述，不过你应该了解你的客户需要什么（通过你的目标职位解析）以及如何根据他们的需要展示你的能力。现在，你需要考虑以下组成部分，这是从另外两本书更全面的论述中精选出来的：

- 目前的或最近的雇主：说明你目前的雇主或最近的雇主的名称和所在地，并用一句简短的描述（五六个词）说明公司的业务、产品、服务。
- 职责：为这个职位的职责、工作内容、成果列一份按优先顺序排列的清单。
- 技能：为了出色地完成每项任务，你需要具备哪些特殊技能或知识？哪些可迁移技能和职业价值观帮助你成功地实施了各项任务？
- 哪些教育背景和资格证书帮助你为承担这些职责做好了准备？
- 对于每个职责（取得的成果）领域，想一想你日常遇到的问题以及危急关头。回忆出你是如何行使工作职责，从一开始就避免出现这些问题的，以及尽管你尽了最大努力，还是出现了问题时，你为了达到成功的目标，运用了哪些分析流程、后续操作、可迁移技能以及成功的解决方案（第四步中会有进一步说明）。以下是一种会让你觉得有效的四步法，称为 PSRV：

P. 从公司的角度和你履行职责的角度两方面说明项目（project）内容及其表现出的问题。

S. 说明你针对这项挑战的解决方案（solution）以及你对这个解决方案的实施过程。

R. 你的方法和行动带来了哪些结果（result）？

V. 最后，这对你本身、对部门以及公司具有哪些价值（value）？如果可能的话，你就要用有意义的贡献来加以说明，比如节省的时间、节省的钱或者赚到的钱。这并不总是可能的，但只要你能用上就是非常有效的。

第四步：考虑用到的可迁移技能和职业价值观

哪些可迁移技能和职业价值观帮助你取得了这项具体任务的成功？举出实例说明你在这个职位上履行主要职责时，是如何运用每项具体技能的。你举出的例子不仅可以用在你的求职信里，还可以用在简历中以及面试回答问题时作为说明。

第五步：加上你较早的工作经历

现在重复第三步，你的工作如何解决问题，以及第四步，你在以前每一个职位的工作中如何运用可迁移技能和职业价值观。这个过程很重要，因此你不可敷衍了事。你写下的每件事可能都不会进入你的第一封求职信的最终版本里，但是你所有的努力都会有所回报，它可能会被用于另一封求职信、你的简历或者你在回答面试问题时。这项练习能让你弄清楚，要想在你的职业中取得成功，你需要做好哪些方面，并能让你随时可以调取这些能客观说明你做了什么的信息。最终的收益必然是更多、更理想的工作机会以及更加成功的事业。

第六步：编制背书信息

查看贯穿你的工作经历的每一个主要职责领域，写出他人对你的表现做出的任何积极的口头或书面评论。正如你在第十章中将看到的一些书信样例所展示的，别人对你的称赞往往比你自己所表述的更有影响力。

如今，这类称赞并不经常出现，而且你可能有时还会拒绝被称赞。这没问题，很多人都这么做，但从现在开始，你要留意捕捉这些称赞以便日后使用。

需要回答的问题

能用来回答以下这些问题的他人评价就是很好的背书信息：你如何富有成效地与同事、上级和管理层共事？你的工作要想取得成果，需要与哪些不同层级的人打交道？你从这些经历中提高了哪些效率和沟通力，这说明了什么？你没有背书材料吗？那就用第四章的“竞争差异问卷”来评估你自己在那些领域的表现，然后把结果用于你的求职信、简历或者工作面试中。

提炼出言简意赅的语句

任何书信最终都取决于表达信息的那些单个句子。你的目标是传递令人振奋的信息并吸引读信人做出行动。简洁明了、言简意赅的语句就能引人注意。

动词总能使一个句子充满能量，使其具有简明扼要、开门见山的感觉。比如，一个在一家律师事务所担任文职工作多年的职场人士写道：

“我学会了管理一个计算机数据库。”

听上去相当普通，对吧？好，在把她的工作看作一项持续的解决问题的实践活动后，就显现出了某些令人激动的事实。通过使用动词，并有意识地以雇主对其目标职位作用的审视视角来看待，她就能够润色这个句子，让它看起来更吸引人。不仅如此，这也是写作者第一次完全了解自己贡献的价值，能让她在面试时大大提升自信心：

“我为全面升级数据库、档案及检索系统进行分析并确定需求。我负责选择并安装‘云计算’档案系统，使得全公司的档案系统升级在一年内得以完成。”

请注意动词的使用是如何说明她做成了什么事情的，并使原本苍白无力的陈述变得有血有肉。这样的行为动词和短语为每一封求职信增加了一种方向感、效率感以及成就感。它们简明扼要地告诉读信人你做了什么以及做得多么出色。

在回想能够为求职信增色的信息时，你要重写几次关键的语句，看你能否运用行为动词使这些句子更有深度。虽然求职信通常只有一页或者一屏的长度，但现在不要考虑长度问题，你可以稍后进行缩减。你经历的这个过程有助于你仔细思考到底要表达什么，同时也能创造出在面试中可以用来表达自己的语言和观点。

采用多种句子结构

在前一部分我们提到，如果能用短小、精练的句子来写作，你的书信就会更加有效。通常来说，每个句子不要超过 25 个词，最好保持在 15 个词左右。如果你写的句子超过了 25 个词的界限，就得改改。要么调整句子结构让它变短，采用分号来节省空间，以减少撰写一个新句子所需要的词语数量，要么把一句话变成两句话。同时，要避免内容太支离破碎，所以在可能的情况下，你要让句子有长有短。

你还可以从一个以冒号结尾的短句开始：

- 接着采用项目符号罗列信息。
- 每一条都支持最上面的语句。

这些技巧的设计目的就是让读信人的阅读过程更加生动，因为读信人往往有太多内容要读，而时间又太少。以下是我们可以如何编辑并重写后的样例展示。

为全面升级数据库、档案及检索系统进行分析并确定需求：

负责选择软件以及兼容性问题。

负责选择并安装“云计算”档案系统。

培训用户，从管理合伙人到行政官。

六个月内完成全面升级、整合并交付使用。

合伙人认为：“你把我们带出了黑暗的时代，你和公司都没落后半步！”

简单原则

要想说服读信人采取行动是一项挑战，因为很多身处不同公司，有着不同日程安排的人会读你的信件，并会依据那些日程安排做出不同的判断。这就意味着你必须把行业术语控制在一个合理范围内（尤其是在最初的接触性信件中，比如求职信、广播式信件等）；经验法则就是只使用在招聘启事中出现过的术语和缩写。一些读信人可能了解你的职业具有的烦琐性和技术性，但更多的人不了解。

在简短的段落和语句中，你要特别注意提及知名人士和缩写的部分，例如：“我曾采用 SNA 系统 2.31 为威瑟斯庞博士工作。”像这样的陈述就过于具有局限性，对一个很小的专家圈子以外的人来说没有什么意义。除非你在一个高技术领域工作，并且你是在把信件和简历发给某个有具体姓名和职务的人，你也知道这个人了解你使用的技术语言的重要性，否则一定要谨慎使用这类语句。

虽然你希望自己的求职信具有尽可能广泛的适用性，但这些信件也需要保持一种私人化的语气，以使它们看上去不像是出自出版交换所公司（Publishers Clearing House）*。你不是在写小说，而只是试图用几个简短的段落描绘出你作为职业人士的素养。简短的句子和词语有助于形成简短而引人入胜的段落，正适用于吸引住人们持续时间较短的注意力！

人称和时态

你在各种书信中是使用第一人称还是第三人称取决于一些重要因素：

- 需要在很小的空间讲述很多内容。
- 为目标职位展示你的技能和资格证明。
- 实事求是。
- 描绘出你的职业本质属性和个性。

对于采用第一人称还是第三人称撰写求职信，“专家们”存在相当大的分歧，两种方式都有拥护者和反对者。最重要的一点在于，无论你在求职信里采用哪种方式，你都必须在那封信件中保持人称的一致。比如，在各种书信中使用项目符号罗列条目的方式可以省略我、你、他、她、他们这样的代词，简明扼要并给人一种更直观的感受：

我对全面升级数据库进行分析并确定需求。

---

* 出版交换所公司是一家美国直销公司，主要通过发送电子邮件开展业务。——译者注

可以改写为：

分析并确定全面升级数据库的需求。

事实上，很多权威人士都推荐把减少代词作为一种技巧，这样既能节省空间，又能在自赞时不显得太自吹自擂。同时，给人制造出一种是第三方在评价你的印象。有些人觉得使用人称代词——“我对全面升级数据库进行分析并确定需求……”太幼稚、不够专业，有自吹自擂之嫌。

还有些人建议用第一人称写信，因为这会显得更有人情味儿。

简而言之，没有什么一成不变的规则，怎么做都可能有效，但要看你在具体求职过程中所面临的具体情况。简历中不使用人称代词是很常见的做法，但是由于信件具有私人性的特点，不用人称代词会让内容看上去太过支离破碎，也存在风险。你可以采用对你以及对你正在撰写的具体求职信来说最佳的方式。你如果要在信件中使用人称代词，尽量不要每句话都用，否则可能会让人看着有点儿单调乏味，也可能让你显得是个自大狂。注意力不应该在集中于“我”，而应该集中于“你”，也就是你正在与之沟通的人。

还有一种不错的做法，就是在整封信中都使用第一人称，然后在结尾最后几句话采用第三人称。这最后几句话一定要以引用的方式出现，比如对你具备的价值的一个归纳：

“合伙人认为：‘你把我们带出了黑暗的时代，你和公司都没落后半步！’”

不要把求职信的专业性和僵化形式加以混淆。最有效的语气是一种结合了对话式语气和正式辞令的方式，就像我们在办公室和工作中会做的那样。唯一一条最重要的规则就是让信件易读，这样读信的人就能看到一个人及其专业性跃然纸上。

长度

正如我之前提到过的，一封求职信的标准长度通常是一页纸，或者电子邮件的同等长度，一般也就是你在电脑屏幕上不用向下移动能看到的部分。用于口头交流以后（可能是电话沟通或者面谈）的后续信件也应该尽量保持一页纸的长度，但如果需要表达复杂的内容，信件的内容也可以长达两页纸。

不过，在大多数情况下，经过几天的认真修改，那封两页纸的信件往往可以删减到一页纸的长度，并且不影响意思表达，同时很可能会更引人入胜。就像我的编辑经常说的："如果不确定，就把它删了。"

说到这里，我必须声明，所有的规则都是用来打破的。偶尔，两页纸的信件可能也是必需的，通常会出现在以下情况中：

- 你所处的职级或者你的职位具有某种专业复杂性，因此你无法在不使用过小字体的情况下把内容压缩在一页纸以内。
- 一位雇主为某个具体职位直接联系了你，并要求你为某个特定的机会提供资料。
- 一个帮你递交求职文件的招聘主管决定，出于某种特定情况的紧急性，需要提供这种长度的档案文件（通常这样的求职信和简历需要专门为这个招聘者或者根据他的要求而准备）。

你会发现，对信件长度问题考虑过多会妨碍写作过程。你应该多考虑你要写的内容，然后用一个又一个事实来表明你的才华。你可以采用你的词汇以及本书中的重要语句来起草你选择要表达的信息。做完这步以后，你可以回头去看，并大胆进行精简。

你应该问问自己以下问题：

- 我能删掉哪个段落吗？
- 我能删掉哪个句子吗？
- 我该如何缩减长句里的用词？
- 我在哪里重复啰唆了？

只要有可能，你就要做减法——只留下事实和行为动词！如果最后你发现删得太多了，那么你将获得复原一些文字的额外乐趣。

第 7 章

如何润色并编辑你的书信以达到最佳效果

任何书信都取决于那些传递信息的单个句子。世界上语法最正确的句子并不一定能为你获取面试机会，因为这样的句子可能读上去好像生命的每一丝气息都被榨干了。你的目标是传递一条激动人心的信息，并促使读信人采取行动。

一封求职信通常由三到五个精心构建的段落组成。这应该足够你传递信息了，第二页就很少有人再去读了。

就像你会把一封打印的求职信限制在一页纸以内一样，你也应该设法让电子邮件形式的求职信保持在一屏以内，也就是要尽可能使内容紧凑。如果你无法把整封信放进一屏内，那么你至少应该努力使最吸引人的内容在第一屏中呈现出来。

如今，电子邮件发送的数量正在以指数级增长，所以你要迅速切入主题，否则就会失去读信人的注意力。一个好的标题能够吸引注意力，但是如果前两句话不能简明扼要地说明你的目的以保持读信人最初的注意力，他们就没什么理由再浪费更多宝贵的时间阅读你后面的内容了。

你的职场商务书信应该通过强大的信息传递展示你的书面沟通技能，省略无关信息，以一种作为清晰度典范的模式传递信息：易于阅读，也易于理解。

可读性

无论是发送电子邮件还是传统邮件，你的简历和信件往往都会和一大堆其他需要优先处理的文件一道被送达读信人的办公桌上。你的信件最多也就能获得 5 秒的扫视，看是不是值得阅读；这包括标题行、开场白、收信人的姓名拼写以及总体的易读性。如果信件通过了这种扫视的测试，那么你可能会再获得 30 秒来表明你的观点，而且这是在假定你的信件直入主题并符合读信人需求的情况下。

需要避免的错误

从来没人读的信件有四个共同点：

- 有限空间里塞进了太多的信息，不易阅读——显然没有考虑客户的感受。
- 布局杂乱无章、不合逻辑、参差不齐；看上去粗制滥造、浮皮潦草——没人想雇用这样的员工。
- 收信人的姓名写错了——这是很无礼的。
- 信里有打字错误——这在一个有拼写检查的时代是不可接受的。

让你的头脑进入交流模式

你的简历和求职信总是需要争夺一个持续走神的受众的注意力。好消息是，虽然你的求职信任务艰巨，但你只要应用几个简单的招数，就能写出一封将大大提升你随附简历效果的书信。

一个广告文案撰稿人能用一个不到 30 秒的广告哄我们开心，让我们购买我们根本不需要的东西，他们无疑是社会上最有效率的沟通者。他们在工作中都采用一个共同的方法：他们在写作过程中会进入用户的头脑并始终以用户的方式思考。他们关注产品具有哪些特点，以及哪些优势最可能吸引顾客。

你已经掌握了目标职位解析的方法，也已经相当准确地了解了你的客户想听到什么。通过竞争差异问卷，你了解了你需要提供哪些独一无二的特质和优势。了解了这些，你就有了润色你刚刚起草的书信所需要的一切了。

求职信应该多长

应该长得足够表达你的观点，并且一个字也不多。一封求职信的标准长度是少于一页纸（或者 300 字以内）；如果是电子邮件，同等长度通常就是你在电脑屏幕上不需要向下滑动所能看到的画面那么多，也可以更短些。以下是一封在 130 字内就谈出要点的求职信：

“您的同事比尔·雅各布森建议我发给您我的简历。他提到您的部门正在找一位有内部网安装和管理经验的数据库管理员。正如我随附的简历展示的，我在一家区域公司工作六年了，该平台有 1.5 万个用户。我很希望有机会和您讨论您的具体项目，并探讨加入您的团队的可能性。”

经过认真修改（分几天时间完成，让你能有个客观的审视），你可以把任何信件删减到300字以内，以便得到一封更紧凑且更具冲击力的信件。

避免使用缩略词和专业俚语

每个行业领域都有自己的缩略词和专业俚语/术语，但在招聘和甄选过程中，总有人不知道这些。你在简历中可以使用缩略词和术语，但是一定要在书信中有所控制。

经验法则就是，如果招聘启事中使用了专业俚语，你就可以在求职信中使用，因为雇主应该了解这些。如果没有，你就换一种表达方式。

使用动词使你的陈述包含行动

你的求职信的重点要反映出你在目标职位解析中找出的关键词的优先次序，以及你的竞争差异问卷的结果。这些关键词都是一些名词，仅仅把它们罗列出来不能算是精彩的内容。你可以将它们转化为动词形式来展示你的行动：

- 负责所有应付账款……
- 通过……把应付账款减少了……
- 通过……使应付账款精减了……
- 管理所有应付账款……

动词总是有助于为句子注入活力，使其具有简短、开门见山的感觉。动词能够展示你的行动：给读者一个视角、一种方式来看待你。动词是创建你的职业形象非常重要的一个部分，因为它们能够为你的书面沟通营造一种方向感、效率感和成就感。动词简明扼要地告诉读者你做了什么以及你做得有多好，且含蓄地预见你加入读信人的公司后也会表现得同样出色。

为了帮助你做这件事，以下是 178 个你可以使用的行为动词。这个列表只是一个开始。绝大多数文字处理软件都有分类词典，你可以输入以下这些词中的任何一个，并在每个条目下找到更多可选词。

实现	完成	能够	启动	准备
获得	构成	鼓舞	创新	展现
奉行	计算	制造	检查	排序
适应	构思	争取	安装	处理
致函	执行	建立	鼓动	产生
管理	巩固	评估	实行	编写
提升	容纳	调查	指示	拟订
建议	缩小	实施	整合	促进
分配	贡献	扩大	诠释	提供
分析	控制	加快	访问	推广
评价	协调	说明	引入	发表
核准	符合	提炼	发明	购买
安排	劝告	装配	发起	举荐

聚集	创造	促使	讲授	调和
布置	评判	通晓	带领	记录
协助	减少	塑造	维持	招募
取得	降低	聚焦	支撑	减少
审计	代理	预测	推销	描述
编写	展示	制订	调解	约束
自动	设计	创建	主持	修复
平衡	发展	产生	监控	重塑
预定	规划	引导	激发	修理
建造	判断	主管	协商	代表
核算	监督	明确	操作	研究
记载	派遣	显示	组织	修整
担任	辨别	贯彻	创立	重组
澄清	扩充	改进	检修	提取
分类	起草	提升	督导	振兴
训练	编辑	灌输	表现	节省
收集	教育	影响	说服	预定
编纂	清除	通知	计划	培养
筛选	详述	指导	培训	验证
设置	刺激	调查	翻译	从事
形成	简化	整理	游历	编写
团结	加强	制表	修饰	解决
概括	教授	升级		

字体

你选择的字体对你的作品可读性有很大的影响。不要选择手写体的字体，而要选择那些适合职业化沟通且可接受的字体。虽然手写体可能一开始看上去更有视觉吸引力，但读起来会显得烦琐乏味，而且你的目标是让一个要看成堆简历的读者收到你的信件时感觉到易于看懂。

你选择的字体必须使用对招聘经理来说清晰可读的字号。任何一个盯着电脑屏幕超过 10 年的人都很可能时常会感到眼睛疲劳，阅读 10 磅字体有难度，我建议使用 11 磅或 12 磅字体。

如果你为你的简历和求职信选用相同的字体（以及纸张），你的职业形象就能保持始终如一且让人印象深刻。

简历中的联系信息和标题行选用的字体要和求职信抬头使用的字体相同。简历正文选用的字体要和求职信正文的字体相同。

适合标题行、联系信息、签名的字体有：

方正宋体

方正黑体

方正楷体

华文行楷

适合求职信正文的字体有：

方正宋体

方正仿宋

方正楷体

华文楷体

如何为页面增色

一旦确定了字体，你就要坚持使用。除了标题行和联系信息之外，在一个页面上使用不止一种字体会显得混乱。即使只用你选定的字体，也有很多方法可以提升页面的视觉冲击力。

所有推荐的字体都可以采用常规、加粗、斜体、下划线以及加粗斜体的形式，因此你可以用*斜体*字变化关键词的效果，<u>给短语加下划线</u>，并用**粗体**加以额外强调。例如，如果你发求职信和简历是为了回复一个网络招聘启事或招聘广告，那么你可以对雇主在招聘文本中提到的词采用加粗或斜体的形式，来强调你符合他们的要求。

不要用感叹号和表情符号。在书信样例部分，你会发现除了偶尔用斜体或加粗以外，采用的字体很少变化。不过这毕竟是你要决定的。只要别在排版方面过于炫技就行了。

关于使用剪贴画的提醒

还有一个需要避免的就是用“剪贴画”来为页面增色。那些小羽毛笔和卷轴装饰你看着可能挺俏皮的，但是在别人看来，这些太小儿科了。

关于电子邮件需要考虑的

在求职信中不要写上你的电子邮件地址，因为在这种媒介上，你的联系方式以及你发来信息的日期和时间会被自动带入。如果你的简历是作为附件发送的，就把你的电子邮件地址放在简历的联系信息中。

标题行

标题行要有信息量且内容简洁。让收信人看标题行就能立刻知道你是谁以及你要做什么。

标题行是否有影响力会影响到收信人是打开你的电子邮件还是直接删除。你可以把它想象成一个杂志的封面，总是采用鲜明醒目的大标题来抓住读者，吸引读者去读里边的内容。对电子邮件来说，你的标题行就是你的大标题，能吸引读者阅读你的电子邮件。标题行既要能引人注目，也要表现得专业化。

不要用那种陈述显见事实的标题行，比如"简历"或者"吉姆·史密斯的简历"。如果你是应聘一个招聘启事中的职位，那么你应该写上那个工作的职务和招聘启事的编号，但只是作为开头。这种事实性信息需要再结合一些引人注目的信息，比如：

财务分析师 MB450 号——注册会计师（CPA）、工商管理硕士（MBA）、8 年工作经验

2314 号招聘启事——麻省理工学院（MIT）毕业生应聘

6756 号职位——顶尖的销售专业人才来了

或者，如果没有招聘启事可以提及的话，可以：

信息技术经理——7年信息技术咨询经验

薪资福利顾问——曾在纽约的非营利组织工作

产品管理职位——由托尼·班克斯引荐

你还可以试试用长一些的标题行，比如：

您的下一位注册人力资源经理——熟悉平等就业机会委员会（EEOC）、公平劳动标准法（FLSA）以及美国残障法案（ADA）

通常你的收件箱里的一条信息可以最多显示60个字（以上样例只有40多个字），一份打开的邮件则可以显示多达150个字。为保险起见，你要尽量把大标题中最重要的内容写进前35个字里：

您的下一位注册人力资源经理——熟悉平等就业机会委员会、公平劳动标准法

但也可以充分利用大标题中剩余的空间，以下样例也只有100多个字：

您的下一位注册人力资源经理——平等就业机会委员会、公平劳动标准法、美国残障法案、职业安全与健康标准（OSHA）领域10年工作经验，包括仲裁、校园招聘、高管招聘、人员甄选、赔偿、培训与发展

问候语

在一封电子邮件（或任何商务沟通信件）的开头，不打招呼是不够职业化的表现。你必须遵循一些基本的职业礼仪。不要对收信人直呼其名，除非你和他很熟悉。

你可以这样开头：

尊敬的蒂法妮·卡斯泰尔斯，

或者先提及一个具体的职位，然后打招呼：

参见 2376 号职位

尊敬的卡斯泰尔斯女士，

或者采用我们在第五章讲到的恰当的问候语。

结尾签名

在电子邮件结尾写上你的名字，并提供你的联系信息：

托马斯·托克马达

516.555.9374

虽然任何电子邮件系统里都有个回复的按钮，但有些人还是会在电子邮件地址处加上（可点击的）超链接，因为这样能够促使人们做出回应。你如果决定也这样做，就把它放在电话号码之前。

托马斯·托克马达
ThomasTorquemada@hotmedia.com
516.555.9374

你还可以采用手写字体来写你的签名：

托马斯·托克马达
ThomasTorquemada@hotmedia.com
516.555.9374

如果你收到一封邮件，包含了一个看着像真人签字的签名，那么你一定会留下印象。不过，你一定不要用你真正的手写签名，因为只要用一些技术手段，任何人都可以复制这个签名，而电子签名和手写签名具有相同的法律效力。不要为了邮件样式而忽视网络安全。你可以使用一种更清晰的手写字体。好在大多数人不会这么做，因而这能成为你为自己建立一个与众不同的形象的一部分。不过在你的简历和求职信等材料的所有内容都完成并且体现出完美的职业化形象后，你再来做这件事吧。

定制化信纸

现在很多电子邮件系统都支持为你的电子邮件创造定制化的信

纸。当你把邮件直接发送给某个个人且你的简历和求职信都无懈可击时，能有个美观的样式就“最好了”。如果你的邮件措辞马虎，你就没有必要把信纸弄得花里胡哨了。这样做只会为你作为一个职场人士的身份发送完全错误的信息，并且不利于你的形象。

如果你追求制作一封看上去更像传统信件的电子邮件，你就要像发送一封传统商务邮件那样，遵循同样的字体、布局和页面色彩的选取规则。

粘贴附件

在未经口头沟通的情况下发送简历时，以 Word 或 PDF 的格式发送简历。这样做的原因在于，有些雇主不会打开不认识的人发来的附件，因为害怕有病毒。采用 PDF 格式的文件，样式会固定下来，打开后的文本与你发送时的文本保持一致。采用 Word 格式的文件有时经过传送后格式会发生变化。这两种方式都可以，有些人甚至会发送两种格式的简历以供收信人选择。由于 Word 文件可能存在格式改变的问题，我更倾向于使用 PDF 文件。

你在求职信中可以对此加以说明，比如在信末写上：

“我附上了一份 Word（或 PDF）格式的简历。”

注意电子邮件和传统邮件的合并问题

如果你在起草一份可以广泛发送的求职信，那么在使用文字处理软件的邮件合并功能时要多加小心。这些程序往往会自动用斜体或者加粗斜体填空："尊敬的__________"[尊敬的*弗雷德·琼斯*(Fred Jones)]或者(尊敬的***弗雷德·琼斯***)。这将给人留下不好的印象，读信的人一眼就能看出来这是一封格式化的电子邮件，可能已经被发给了成百上千人。

拼写检查

你可以也应该把你的电子邮件设置成在发送每条信息以前进行拼写检查。但是永远别忘了，自动拼写检查并不完全可靠。

在发送任何一份简历或求职信之前，你一定要校对，并且请别人帮忙校对一下。你可以请家人和朋友帮助检查一下，看看有没有排版问题以及格式和措辞方面的差错，以确保你要发送的信件能够以你希望的样子被收阅。如果你希望有一位专业编辑帮你检查，我们在 www.knockemdead.com 的简历服务页面提供了编辑服务。

传统邮件仍然有效

每次当你使用不止一种沟通媒介发送简历时，都能大大提升命中率。因为电子邮件已经成为一种标准沟通媒介，大多数招聘经理收到的传统邮件数量远远不及以往，所以如果你既通过电子邮件发送一封求职信，又使用传统邮件发送一封，那么你至少能让自己的简历被面试并雇用你的人看到的机会加倍。我们都喜欢拆信件，这样做有助于我们开启一天的工作，填补午餐前的空闲，或在一天工作结束前放松下来。

让你的书信保持协调统一

你使用的信纸应该总是和信封及简历的颜色、重要性相配套。一封白色的求职信，配上一封米色的简历，将有损你试图给人留下的印象，即使这是你的私人信笺。至于配套的颜色，白色、米色和灰色都可以。不要使用轻淡的彩色，除非你的目标职位涉及和非常年轻、年迈或体弱的人打交道。在求职时，你选择的颜色也许能反映你的职业敏感度。

纸张质量

你使用的纸张质量也很重要，因为这会影响别人对你的感觉。这能告诉收信人一些你的价值观以及你对这份文件的重视程度。纸张的品质作为建立你的职业形象不可分割的一部分，值得引起注意。

所有的办公用品店都能买到高品质且配套的简历用纸和信封。你在打印简历时，同时也要打印一些带信头的纸。

保持一致

求职信中的联系信息应该和简历中的联系信息相同，并应该使用相同的字体。同样，求职信的正文也要和简历正文使用相同的字体：配套的纸张以及相互协调、相辅相成的字体能展现出你是一个专注于自己专业领域的人。这是另一种你建立职业形象的巧妙方式。

所有的后续信件（比如面试后的跟进信件）都应该使用相同的配套纸张和信封，并采用相同的配套字体以及相同或相似的字号大小。

你的书面邮件可能会被存档在一个候选人档案中。在做出雇用决策之前，招聘经理会查看最终候选名单上所有候选人的书面资料。而你在求职活动中精心包装书面材料的这种做法将体现出你是一位专业高效的职场人士，你的所有书信将成为你整体职业形象的一个强大而有力的组成部分。

信封上有什么会影响信件内容的效果。多年以来，我和无数经理人以及人力资源专业人士谈论过他们收到过的信封样式。信封是否会影响你读信件的可能性，如果是，那么它会让你产生什么样的期待？以下是我听到的回答：

“我从来不打开贴着打印不干胶标签的信件；我认为这样的信件都是垃圾，我的人生中就是没时间看这些目标错误的营销品。”

“我从来不看任何只写了我的职务没写我名字的信件。”

“如果一封信或者电子邮件写了我的名字但写错了，那么我会拆开信封看信或者打开电子邮件，并带着有偏见的眼光，希望找到其他证明发信人马虎的例子。”

“我总是会打开打印正确并写着‘私密’或‘保密’的信封，但如果信的内容并非如此，我会感觉上当了。我不会雇用花言巧语的骗子。”

“我总是会优先打开书写整洁的信封，除非另一封信里装有支票。”

最后这条意见在这个打印的时代显得特别有趣。我做了一项粗略的测试：有两周时间，我寄出的所有信件都用手写信封。事实上，大约 50% 的收件人评论说，他们很久没有看到一个手写的信封了。

如果你要通过传统邮件的方式寄送信件，而且信的长度超过一页，那么你应该在每一页中标上页码，在每一页中都嵌入你的联系方式，并且用订书机在左上角装订。记住，不要使用公司邮箱或电话号码作为你的联系方式，除非你现在的雇主知道你打算离职，并且允许你使用办公时间和设备找工作。

邮寄传统邮件的小窍门

我曾经收到过一份很吸引人的简历和求职信。求职信和简历的右上角都有个圆形的红色贴纸。那就像个重要的感叹号，令我印象深刻。印象更深刻的是，我意识到一旦这些信件离开我的手边，别的读信人不会知道是谁贴的贴纸，但是肯定会因为这些贴纸而特别注意信件的内容。

外观检查清单

记住，你的信件给人的第一感觉可以产生强烈的印象。信件的外观应该与其职业化的表达方式、清晰的内容紧密相关。在封上信封以前，你要过一遍这份检查清单：

外观和版式

- 使用的是否是 A4 纸，纸张质量是否优良，重量是否适当？
- 使用的是不是白色、灰白色、米色或浅灰色的纸张？
- 是不是只用了纸张的一面？
- 每页都有联系信息吗？
- 如果不止一页，你标注页码了吗？
- 如果不止一页，所有页面都订在一起了吗？用订书机在左上角装订起来是最常见的做法。简历不要和求职信订在一起。
- 是否检查并仔细校对过信件内容？

内容

- 信中是否说明了写信的缘由？
- 这封信是应该发给这个目标公司的吗？
- 信中是否提及了相关的具体职位或者招聘启事代码？
- 这封信是否尽可能专注于目标职位的职责上？
- 信中是否对相关可迁移技能和职业价值观列举了事例？
- 是否使用了动词表明你的行动，说明你的出现会带来哪些改变？
- 为增加信件的说服力，与招聘最相关、最符合要求的经历是否有所侧重？
- 在雇主名称和地址方面，是否尽可能避免浪费空间了？
- 是否删除了所有从某个具体职位离职的原因说明？想换工作的原因在面试中可能很重要，但在现阶段还无关紧要。你要用这个宝贵的空间推销自己，而不是为自己辩解。
- 除非有具体要求，是否删除了所有提到以往、目前或期望薪水的内容？
- 是否删除了所有提到你可以入职日期的内容？
- 是否只因为学历特别相关才提及你的最高教育程度，且只因为你的专业让信件内容更可信才加以提及？
- 是否避免了罗列无关职责或经历？
- 在可能的情况下，是否为你的贡献或成就给出了实例？
- 是否删除了所有无关信息，以免重点不突出？
- 信件的长短是否适中，能否吊起读信人的胃口？
- 是否不小心犯了显而易见的错误，比如在信头用粗体字写“申请书”？如果是的话，就把它删了。

- 是否提供了完整的联系信息，比如名字、地址、邮编、电话号码和电子邮件地址？除非十分必要且不会惹麻烦，否则你要删掉目前用于工作的电话号码。只有当你的雇主了解你要离职并允许你利用工作时间和设备找工作时，你才能这么做。

校对并打印

即使是最老练的职业作家，也不可能将草稿直接用于出版，所以你就不要尝试了。你作为作者的自鸣得意会让你看不到自己不容忽视的瑕疵。

你需要与你的创作保持一定的距离，从而保持超然、客观的心态。对于应该花多长时间做出最后的成品，并没有一成不变的规则，如果你觉得你已经完成了，就先放在一边（至少放一晚），然后重新检查一遍。你要像几乎第一次看到这封信一样好好读读。

在发送电子邮件或打印你的书信之前，你要确保文字尽可能清晰。有三件肯定会惹恼读信人的事就是：拼写错误、语法问题和语序不当。因此，你要从头到尾再检查一遍所有这些方面。如果你认为句法和一个计算机语法定义文件（IRS）有关，你最好让第三方介入，我们在 www.knockemdead.com 上提供了价格合理的校对服务。

第 8 章

利用求职信四倍提升面试机会

优秀的求职信、广播式信件和后续跟进信件如果像珍贵的手稿一样躺在你的书桌上，是不会为你带来工作的。你得把它们利用起来。

在《终极求职指南》一书中，我花了大量的篇幅向你展示进行求职的最佳方式，包括 12 条不同的社交策略。现在我将对那本书中的一些技巧稍做提及，为你展示如何找到你可以直接联系的有招聘权的人员名字和职务的几种方式。

应聘招聘启事中的职位是大多数求职过程中的重要一步，因此虽然还有很多其他有效的求职策略，但本章将集中关注于以下求职手段：通过识别并接触最有可能雇用你的人，把握招聘需求从而将获得面试的机会提升两倍、三倍，甚至四倍。

网上招聘启事

一旦你看到一个适合的职位，你就按照招聘启事要求的方式进行应聘。此外，你还要收集这家公司所有的联系信息，包括网站和邮寄地址。只要你能找到可能有权力做出最终雇佣决定的经理们的名字和职务（我会告诉你怎么做），你就能以三种不同的方式直接联系他们。每种方式都能提高你获得面试的机会：

- 把你的简历直接用电子邮件发给那位经理，并撰写一封针对他个人的求职信，能使你获得面试的机会加倍。
- 通过传统邮件的方式把你的简历和个性化的求职信寄给那位经理，能使你获得面试的机会提升三倍。
- 在早上、午餐时间或下午 5 点时给那位经理打一个跟进的电话，能使你获得面试的机会增加四倍。

如何找到有招聘权的人的名字

你与那些有招聘权的经理接触越频繁，你就能越快获得新职位。通过直接接触招聘经理们，你就能跳过等待自己的简历从简历库中被挑出来，再经由招聘人评估的过程，获得一位招聘经理的关注就可以直接且有针对性地推介自己。

你要直接联系的目标总是那些能够雇用你的人，不过任何管理层职位的人都有可能为你引荐。比如，虽然人力资源专员可能没有权力雇用你，但他们的工作所具有的枢纽性质让他们能够了解到公司内部所有可能用到你的技能的领域。

把你的简历投递给某个有名有姓的“恰当人物”，有针对性地推介自己，会使你独具优势，尤其是在经济衰退或经济复苏时。这种时候，你面临的竞争十分激烈，雇主们总会把你表现出的主动性和积极性作为鉴别因素。

求职时应以哪些人为目标

我将告诉你，在求职过程中应以哪些招聘职务为目标。你可以一边读一边列出一份适用于你所在行业的具体职务，因为如果你有了一份明确适用于你想找的工作的有价值的职务清单，那么你将更容易找到与其相关的人名。

- 那些最有可能做出雇用你的决定的职务人员通常比你的职位高一级、两级和三级。
- 其他可能了解职位空缺信息的职务人员包括：那些与你的部门有持续合作的部门中比你的职级高 1~3 级的管理层，和你有相似职务的同僚（不太理想）。
- 那些最有可能认识参与甄选过程并能向他们推荐你的职务人员。这些人可能是目标公司里的雇员，或者与那家公司有业务往来的公司或组织的雇员。他们是任何部门中比你职级高 1~3 级的管理层职务人员、公司内部招聘人员或人力资源专业人士。

有名字就比没名字强，现在互联网触手可及，你有无数的机会能找到那些适合你的需要、具有适当职务的人的名字。

寻找人名的网络搜索技巧

只要花些工夫，你就能找到很多有最终雇佣权的人的人名、职务和联系方式。我在本章中将把你引到正确的道路上，不过要想获得这方面的完整指导，请研读最新版的《终极求职指南》。

一开始，你可以在谷歌、必应（Bing）以及其他搜索引擎上用你的目标招聘职务进行关键词搜索。这些网站都可能搜到人名，显示出不同的结果。

例如，一个医药销售行业的人要想和匹兹堡的一家具体公司中的招聘经理取得直接联系，可以尝试用以下关键词搜索，并从每条搜索结果中收集有用信息：

- 医药销售（公司名称）。
- 医药销售（公司名称）宾夕法尼亚州。
- 医药销售（公司名称）匹兹堡。
- 医药经理销售（公司名称）宾夕法尼亚州。
- 医药经理销售（公司名称）匹兹堡。
- 医药总监销售（公司名称）宾夕法尼亚州。
- 医药总监销售（公司名称）匹兹堡。
- 医药副总裁销售（公司名称）宾夕法尼亚州。

然后采取以下附加步骤：

- 去掉“医药”重复所有搜索。
- 去掉公司名称重复所有搜索。
- 只用工作职务重复搜索。
- 加上雇用、辞职或降职，分别对目标职务重复搜索。

深入钻研，你就能找到你所在领域中在这家公司和其他目标公司拥有这些职务的人了。

善用谷歌新闻

当你在谷歌搜索页面上做完以上每项搜索后，在谷歌新闻页面再重复搜索一遍，这次是为了寻找媒体对你这些关键词说了什么。只要点击谷歌搜索框上面的“新闻”链接就行了。

当你在谷歌新闻中搜索关于一家公司或公司内一个职位的新闻，并找到了相关信息时，你就可以把这作为你的求职信的开头。你可以在信里提到这篇文章及其意义。如果发送电子邮件，那么你可以把网址复制粘贴下来作为参考；如果使用传统邮件，那么你可以把网址写上。

你可以尝试用工作职务、职业、地点和公司这些短语的各种组合进行搜索。你会从其中大部分搜索中获得更多职位空缺和工作地点的信息。如果从头几页搜索结果继续往下看，你就能找到你的目标公司以及其他公司里与你要找的目标招聘职务匹配的人名。

也别忘了查看以下信息来源：

- 公司网站。在“关于我们”页面，你能找到具有管理职务的人名甚至联系方式。
- 传记目录或数据库（Biographical Directory/Database）。这是由标准普尔（Standart&Poor’s）维护的，是一个有管理者姓名、职务以及联系方式的数据库。你可以在这里找到更高级别的目标招聘职务。

以下这些网络资源对于你整理出一份可以发送求职信和简历的联系人名单也很有用。

- www.onesource.com/businessbrowserus.aspx。
- www.knowx.com：列出了公司所有者、高层管理者和附属机构。每月大约花 60 美元，你就能找到所需要的大多数信息。
- www.jigsaw.com：一个包含联系信息的拓展数据库。每查一个名字收取 1 美元，但是如果你为该网站提供两个未收录的名字，你就能获得 1 美元的奖励。
- www.business.com/directory/advertising_and_marketing/sales/selling_techniques/lead_generation/：该网页包含潜在客户开发工具的链接。

利用人名和职务扩大你的选择范围

有时，要想让一家目标公司里的所有合适的人都知道你正等待入职，你可能需要接触六位不同的经理。比如，假设你是一位年轻的工程师，迫切想要进入最终机会电子公司（Last Chance Electronics）工作。你要向以下人员或其中任何一位提交一封求职信及简历是完全合情合理的，每封信都要写出收信人的名字，以尽量减小这份资料会被直接扔进垃圾箱的概率。

- 公司总裁。
- 工程部副总裁。
- 首席工程师。
- 工程设计经理。

- 人力资源副总裁。
- 技术工程部招聘经理。
- 技术招聘专员。

根据以上标准，你要把所有可能对你有用的职务都思考一遍，并且在你去寻找与之相关的人名时要记得所有这些职务：你选择的范围越大，你获得的结果越多。

人际交往

找到人名并得以被引荐给有招聘权的人的最佳方式之一是与人交谈。因为与能真正为你提供工作的人交谈是你能被雇用的唯一方式，你能开启这种谈话的方式越多，你就会越成功。

当你把人际交往策略融入你的求职过程中时，将带来不可思议的结果。以下是一些几乎能立刻建立起相关职业关系网的有效途径。

社交网络

社交网络如今已经成为最先进的求职方式中必不可少的一部分。它围绕以社交或职业为导向的在线社交网络，帮助你接触到你认识的人、以前认识的人或者希望认识的人。你可以通过与所在领域的人联络，或者与和你有共同经历或兴趣的人联络来充分利用你的专业影响力。

例如，一位马上要离开军队的女兵请我帮助她找到一份新的文职工作。首先，我要找到其他有相似背景的人，我在领英网上输入了“军人”一词，这个网站可能是最成功的职业社交网站。我找到了超过 4 000 个具有和她相同参军经历的人的档案。（那是 6 年前了；现在用同样的方式搜索，我能得到 539 000 条资料：这种日益增长的相互连接也是是否应该加入领英网的一个巨大争议点。）然后我们尝试用“信息技术”（这是她理想的职业方向）这个短语进行搜索，并得到了 39 000 条资料（如今远远超过 100 万条）。这两个潜在的社交网络都和她求职有关。当我们把“信息技术”和“军人”这两个关键词结合起来时，结果就更好了。这次列出了 908 条资料（如今是超过 26 000 条）。这些人都和她有着相同的人生经历，并且已经成功转行。这种程度的初始连接确保她能够与很多人进行有益的交谈，其中每个人都和她的求职相关。

公司招聘人员和猎头经常访问社交网站，你应该精心设计你在这里提供的关于你自己的信息。作为一个正在找工作的职场人士，你首先要从简历入手，只要把你的简历复制粘贴到你的官方简介栏就行了。你这么做是提供了自己的信息，但是因为这是一个社交网站而不是简历库，所以还缺少一块“待价而沽”的牌子，而这块牌子在你在职但考虑换工作时非常有用。

有多少社交网站

能列出来的社交网站太多了，这样的网站数量越多，就会变得越专业。你需要在两个最大的社交网站上保持活跃，那就是领英和脸书。除此以外，你还可以到 www.wikipedia.org 上键入“社交网站”查到完整的清单，或者按照特殊的兴趣、语言、性别、种族等找到相应的社交网站。

社交网络能让你结识遍布你所在行业的全国以及全世界的人，他们可能知道他们公司内的职位空缺或者能够把你引荐给公司里手握空缺职位的人。这项新技术的应用让你能够接触到无数的与你志同道合的专业人士社群。

方法很简单：你只要加入一个社交网站，找到你以往曾共事过的人，然后参与所有社交网站都有的讨论小组并与这些小组里的其他成员联络，从而扩大你的人脉网。

对雇主和招聘人员来说，社交网站构成了招募合格候选人的可靠通道，而对求职者来说，通过与其联系的人群，社交网站构成了通往职位的可靠通道。你可以按照邮编、工作职务、公司或者任何你选定的关键词搜索一个网站的数据库。你可以通过数据库找到符合你要求的所有人的简介，并且你可以通过小组普通成员的身份或者一连串与你有联系的人直接和他们联系。

社交网络是否有助于职业转换

当你牵涉到或者打算做职业转换时，你会发现社交网站特别重要。如果你要转行，你就可以利用社交网站建立一个正就职于你所选行业中的目标职位的人际关系网，并且在可能的情况下，找到那些成功完成类似职业转换的人。如果你要找的工作涉及职业转换，你可以到 www.knockemdead.com 网站阅读“垫脚石”（Stepping Stones）栏目的文章。

专业协会

你为这次求职以及长期的职业成功能做的最正确的事之一就是，成为一两个专业协会的活跃成员。你将立刻获得就业指南和一个绝佳的人脉网，而且这类组织会为提高你在行业内的信誉度和知名度提供极好的媒介。事实上，如果你听过心怀不满的求职者嘟囔“这不在于你会什么，而在于你认识谁，”那很可能说明他们还不了解人脉网，也不是这些专业协会的成员。

专业协会在大多数主要都市圈召开月度会议，而且每年有地区性和全国性的大聚会。本地的会议与你直接相关，除非你的工作是全国性的，否则成为一个全国性组织的本地分成会员或州分会成员就足够满足你的需要了，而且也更经济。如果你加入一个知名的全国性组织的本地分会并参加本地的会议，你就能在你的目标市场范围内结识你所在行业中最尽心尽力、最有人脉的人。你的成员身份有助于你了解你所在的行业中发生着什么，因为组织会提供持续的培训，使你成为知识更渊博，因而也更抢手的员工。

专业协会就是当今世界的一种新的“老同学”网络，你的成员身份就是与数百万同行之间的连接。基于你们都是协会的共同成员，这些人几乎都会乐于与你交谈。

所有行业和职业都有各种协会，每个协会都具有一定的价值。比如，如果你身处零售业，你就可以加入三十几个全国性协会和五十个州协会中的任何一个。这些协会加起来能够代表超过 150 万家零售企业的员工，这些企业为超过 140 万人提供了职位。大多数其他协会也能提供类似惊人的潜在人脉网。

如果你符合一个小众化的或少数派群体的要求，那么你还可以找到能满足你作为职场人士的另一面的专业协会。这些包括但绝不限于非洲裔、拉美裔、亚裔、残疾人士以及女性群体。你如果能找到一个合适的小众组织，就加入进去，它代表另一个甚至更加精细的人脉网。

网上搜索的一个好去处是维基百科（Wikipedia）的专业协会页面。你还可以去图书馆查阅《协会百科全书》（*Encyclopedia of Associations*）[由盖尔（Gale）集团出版]。另外，你也可以在谷歌上搜索相关的关键词，比如“法律协会”将列出法律行业的协会名单。

寻找小众化的协会

如果你属于某个范围明确的小众群体，那么你在谷歌上搜索的时候也要用上这点。例如，用“亚裔法律组织”搜索将生成一份在法律行业工作的亚裔专业人士的本地组织名单。在你加入一个组织后，你将从参与会议中受益良多，因为你能在这里遇到你所在行业的其他专业人士。但不要只是出席会议，你还要参与其中。协会很大程度上是自发的组织，总是需要有人摆座椅、发文件、摆姓名牌。做什么不重要，但你表现出乐意作为一名积极参与者的意愿肯定重要，这会让你与那些可能永远无法通过其他方式接触到的人密切关联。鉴于协会成员身份的特点，你根本不需要一上来就做自我介绍，然后要求对方帮你找工作。实际上，如果你不是因为请人为你找工作而开始一段谈话，而是因为在为群体做出贡献，将会更有效。这样做更可取，因为当看到你为集体利益而努力时，别人更可能去帮助你。

结识他人可能比你想象的更容易，因为所有的专业协会成员都在那儿，至少有一部分原因是为了通过人脉网促进他们的事业。一旦了解了那里的情况，你就可以自愿加入维系组织运转的众多委员会之一。这是认识别人并扩大你影响力范围的最佳方式，因为你以志愿者身份参与协会活动时就能接触到别人。参与委员会不会占用太多时间，因为它们总是采取“人多好办事”的原则，它们的结构体系就是依靠像你这样有全职工作、有贷款要还、有家要养的职员的帮助的。

有一个理由充分的观点认为，从人际交往的角度来看，委员会越大越好。最好的情形是，你能加入成员与项目委员会。不过，参与任何一个委员会都能满足你的需要，因为只要参与一个，就能让你接触到其他委员会里的人。如果你加入会议委员会或活动委员会，你便能和你所在行业领域的众多人士取得联系：“你好，是比尔·帕森斯（Bill Parsons）吗？我是本地协会会议委员会的贝姬·莱蒙（Becky Lemon）。我想邀请你参加我们下周在……举办的会议。”

不要参与那种你缺乏足够经验能成为一个富有成效的成员的委员会，除非你成为那个团队的成员是为了取得职业上的发展——如果是这种情况，就不要介意别人给你分配端茶递水的任务，至少在一开始的时候。

如果你志愿加入一个组织，并表现得非常活跃，那么你将赢得团队中的其他成员的青睐，这种看法对你找到新工作以及在将来事业蒸蒸日上会起到重要作用。

利用协会数据库或联系名录

成为一个协会的成员，你就能随之获得协会内部人员的联系名录，这是一份开展电话和电子邮件社交活动的绝佳的联络资源。你可以很轻松地给任何一个协会成员打电话，并介绍自己："你好，是布伦达·马西（Brenda Massie）吗？我叫马丁·耶特。我们以前没有说过话，但我们都是教师同盟的成员。我想请你给我一些建议，你能抽出点儿时间吗？"

你的成员关系及你所展示的专业承诺将使任何人都愿意花些时间和你交谈，这也是你应该遵守的基本礼仪。

你还可以利用协会成员的联系名录，为你从其他地方听说的职位进行自荐。例如，你可能在 www.careerbuilder.com 网站上看到一份你感兴趣的招聘启事，并按照要求上传了你的简历。这个时候，你的人脉网就能让你受益了。你可以按照你找到职位空缺的网站的要求进行申请，然后回到你的协会成员联系名录，找出在那家公司工作的人。打一两通明智的电话往往就能为你带来一个推荐人以及关于那个空缺职位的一些内部信息，这样你就能让获得面试的机会加倍。一旦你确认了面试时间，这些联系人还能为你提供有关公司、部门、招聘经理的内部信息，帮你为面试做好准备。

专业协会都有电子刊物，其中很多刊物上会有到其网站查找职位信息的链接，那里有很多公司会发布招聘广告，因为它们总能得到合格候选人的回复。因此你能看到别处看不到的招聘启事。在经济不景气时，一个精明的公司招聘人员会利用协会网站找到可用的人才，同时筛除不合适的人选。你还会注意到，协会刊物上的文章都是协会成员写的，由于任何人都希望自己的文字得到认可，在你打电话或写信进行社交时，告诉对方你读过他写的某篇文章是一块很好的敲门砖。

成为一个协会的积极成员，会让所有你所在领域中资格最老、人脉最广的专业人士注意到你。你可以把这些列在你简历最后“行业社团”的小标题部分。这肯定会让人多看一眼，因为能够展示你的职业意识。雇主和猎头有时会用“协会”、“俱乐部”和“社团”这样的关键词进行搜索，因此列出协会成员身份还有助于你的简历从数据库中脱颖而出。

如何充分利用人脉

专业协会只是众多人脉网中的一种，如果你悉心经营，那么所有人脉网都会为你求职和整体事业成功带来巨大的益处。

把你的人脉网当作你的专业联系圈，因为拥有你所在行业的适当的人脉，能为你在求职时提供最广泛的相关联系人。

你可能会发现你的人脉不像你希望的那么全面，而且要想有效，你的社交也不能仅仅停留在给老朋友打个电话寒暄的层面。要想获得成功的结果，你必须拓展这个让你感到舒适但并不完善的人脉网。

此外，仅仅因为你五年前和某人共事过，并不代表他仍然把你当作朋友，尤其是在你从那以后就没和他联系过的情况下。调查显示，我们都会以如下这些可理解的方式对别人做出回应：

- 对于我不认识的人提出的要求，我会请他提供一份简历（当然，如果他们有人引荐或者是某个协会的成员，则另当别论）。如果我收到简历的时机恰当，并且附有一封精心准备的求职信，那么我会尽可能为他提供帮助。
- 对于那些由我喜欢并尊敬的人推荐的人提出的要求，只要可能，我会花时间和心思加以协助。

- 对于那些朋友、以前共事过的人提出的要求，而且我们仍然保持联络的话，我会提供指导甚至代表他们给别人打电话。
- 对于那些自以为是我的朋友的人提出的要求，如果他们没有和我保持联系，或者只有在他们有需要的时候才和我叙旧，那么出于某种原因，我无法真正提供帮助。我会祝他们好运：“真抱歉我帮不了你。如果我想到什么，我一定会给你打电话。”

什么也比不上一位专业的同事做出的个人推荐有效，尤其是当你作为一位同事、一个行业专业人士以及一个在意并乐于分享专业信息的人得到推荐时。各个领域的成功人士都彼此相熟绝非偶然，他们会帮助彼此取得成功，因为他们无论境遇好坏都保持联络，并且只要可能，都会彼此协助。

你如果在求职中会用到业务上的同僚和私人朋友，就不要心不在焉，把事情搞砸。我们生活在一个流动的社会里，因此除了你自然而然结识的家人、朋友和同事，让自己成为你所在行业社团的成员是一项明智的长期职业管理策略。

一种明智的社交之道

如果采用智慧的社交方式，你就会与所在职业和行业领域中各个层级的人都建立关系。你所在行业或地区的任何人，无论其职务或经验如何，都可能起作用，不过你最该关注的人可能有以下这些类别：

- 那些现在或将来比你职级高 1~3 级且可能雇用你的人。你可以给这些人主动发一封电子邮件联系并介绍自己，请他们看看你的资料。如果这样做能让你得到一次交谈或面试机会就很好；如果没有这样的机会，那么你可以请这些人再帮你联系别人。
- 那些与你职级相当或低于你的职级，但与你有着类似职业经历的人。
- 那些在相同职业或行业的相关领域中工作的人。

在和他人建立关系时，最好能先找到一些你们的共同之处。你可以通过请对方给你建议来开启这段关系，很多人都会为你抽出几分钟时间。不过，通过伸出援手为他人提供帮助和建议，你能建立起最佳关系，因为当你为他人提供方便的时候，与你建立关系对他人来说就会很重要。这点不难做到，你只要在特殊兴趣小组里表现积极，在社交网站上搜寻那些积极寻找工作的同行就行了。

接下来，你面临的挑战就是如何提供帮助、建议或者做出表示，鼓励对方与你建立一种相互介绍和分享工作机会的关系。其答案既合理又不难：利用那些你听说了但不适合你自己的工作机会。

找工作可不是一件有趣的事：当你刚从学校毕业时，没人愿意雇用一个入门级的员工，他们都想让你五年后再回来。而五年后，当你再次寻找工作时，他们又只想要刚从学校毕业的人或者有十年工作经验的人了。

在你的求职过程中，你总是会遇到不适合你的职位，但那可能正是别人渴望得到的。你可以把这些求职线索用作敲门砖。事情是这样的：有时你不得不先发一封电子邮件说明你为什么要和别人联系，而有时你们立刻就可以沟通，这取决于很多因素。在第一种情况下，你可以发一封电子邮件，只是说明你知道一个对方可能感兴趣的工作机会。这是一种友好的姿态，并将为你带来很多的回应。

在第二种情况下，你实际上已经处于直接的电子邮件沟通中了，你就要说明你所为何事："我目前正处于一次战略性的职业转换中，并且遇到了一个不那么适合我的职位，但那个职位正好适合你。如果你想聊聊，咱们就交换一下电话号码吧。我很乐意为你提供这条线索，也许你也听说过什么适合我的职位……我即将离开部队，打算进入私营企业工作，正在寻找南方的信息技术方面的职位……"

不要谈论你的理想职位

你如果真的想快速恢复工作，就不要在与人交际时谈论你对下一份理想工作的期望。这会减少人们告诉你一个职位空缺的概率。反之，多谈谈你能做什么。

找工作促使你在求职网站上仔细搜索工作机会，而且现在那些不太适合你的职位也有用处了。你可以建立起属于你自己的不合适职位的数据库，并把这些信息转交给所有在你的专业领域中高于或低于你的人，这些人将成为你在互利关系网中的最佳伙伴。

人脉网如何为你拓展求职渠道

当你找到一个合适的职位空缺时，你所面临的往往是需要把你的简历上传到一个公司或猎头的数据库，但是现在，由于你是行业协会的成员，人脉网让你有了更多的求职途径。

你可以在你的社群网站中寻找现在或曾经就职于那家目标公司的人。用目标公司的名称作为关键词进行搜索，找到职务比你的职级高一至三级的人，然后再找到和你同级或者比你低一两级的人。

网络和小组讨论帖

所有社交网站（领英、脸书等）都有为招聘者所用的特殊兴趣小组（一定要和我联系）。求职者在讨论小组里进行自我推介变得越来越普遍。这有助于让招聘者看到你。采用我们在第七章讨论过的写标题的技巧，你就能有效地做到这一点。只用几十个字，这个标题就能在小组讨论中同时具有“签名式简历”的作用：

注册人力资源经理——平等就业机会委员会、公平劳动标准法、美国残障法案、职业安全与健康标准领域十年工作经验，包括仲裁、校园招聘、高管招聘、人员甄选、赔偿、培训与发展。

你接触的人越多，你的名气就越大，越多人就会来与你接触。你在最新版的《终极求职指南》一书中将找到更多关于社交和其他建立人脉网的方法。

社交式信件

当你撰写社交式电子邮件和书信时，请遵循以下组织编排的指导原则，这些指导原则也可以用作社交谈话的框架：

- 建立连接：你们的共同点或共同认识的人，或者对方可能感兴趣的信息。
- 利用你在专业协会中的成员身份，作为与其他成员之间的沟通桥梁。
- 让对方知道你能做什么。他们总是乐于帮助你，但你得给他们提供做出努力的范畴。不要对他们说你的理想工作是什么，或者你一直渴望得到的晋升；不要说得太具体，或者让你的自尊心妨碍你获得真正能胜任的职位的信息。你一定要说得特别模糊，比如“我正在寻找医疗器械领域中的某些职位”，让听者能在最大可能的范围内提供线索。
- 无论你给谁写信或打电话，都告诉他们“我该有所行动了”或者“我刚被派到孟买工作了，我想向您请教一下”。
- 不要具体地问“您能雇用我吗”或者“您的公司能雇用我吗”，而要询问对方的建议和线索。然后请对方给予指导：“我能把我的简历发给您吗？”
- 要通过一切方法打听有关具体目标公司的线索，但不要指望一家特定公司里的什么人能把你弄进去。
- 当确实得到帮助时，你要表示感谢。如果你得到的帮助是口头上的，你就随后写一封感谢信。这样做给人的印象是难忘的，很可能会让你获得另一条线索。

当你撰写社交式信件并拨打跟进电话时，你可能会惊讶地发现谁才是你的朋友：某个你一直看作真朋友的人不会为你抽出时间，而某个你从没当作朋友的人会为了你尽心尽力。

获得推介的更多方法

大多数人的人脉极其匮乏。加入专业协会只是众多你可以用来开始建立并拓展人脉的方式之一。在最新版《终极求职指南》一书中，你将学到更多有关如何开展社交来找到推荐人，如何找到具有招聘权的职务和人名，如何提升口头表达能力，如何识别“购买信号”并做出反应，以及如何消除反对意见的方法。

第 9 章

发送求职信

进行一次成功的求职活动，需要制订一份包括所有最实用求职策略的综合性整体计划。

在上一次经济衰退期，在一个热线电话广播节目中，我接到了一个女人的电话，她“竭尽所能也没有找到一份工作”。她说她发出了差不多300封求职信，但仍然没被雇用。在向她提出了几个问题之后，我了解到她找工作已经持续近两年了，每周会应聘两三份招聘启事中的职位。当我询问她时，她告诉我她是一位会计，有能力为大概2 000家公司服务。这意味着她在至少有五种实用求职方式的情况下，在求职过程中仅仅采用了一种很大程度上相当被动的方式去找工作（回应招聘启事），因而只在两年中接触到了其客户的15%。每周只接触两位雇主无法让你重拾工作，甚至无法让你回到那种有助于你向所选定的职业生涯目标前进的工作正轨上。

仅仅根据招聘启事发出求职信和简历，而不把它们与更为行之有效的求职方法相结合，是找不到工作的可悲理由。主动发送电子邮件和传统邮件应该与你求职的各个方面相结合。这应该是你求职策略的第一个重要组成部分。然后你需要在每天和每周发出的电子邮件和求职信的数量、类型，以及为获得工作邀请所必须开启对话而如何拨打电话加以跟进之间保持平衡。

一项直接联系有招聘权的人的计划

一项围绕专业化开展的求职活动应该包括的内容有：不断确认那些在目标雇主中身居“最可能雇主”目标职位的人的名字，采用电子邮件和传统邮件两种方式进行初步联络，然后打电话进行跟进。这种方法确实管用，你会在最新版《终极求职指南》中找到这套技巧的分步步骤。

如果你找到了符合这些优先职务的人名，那么你可以通过电子邮件和传统邮件发送一份定制化的求职信和简历，并在你的一周日程中加入一个拨打跟进电话的事项。

随后，如果你获得了那家公司其他身居“最可能雇主”目标职位的人的名字，那么你可以进一步发送简历和定制化的求职信。你还可以考虑把心仪的公司加入收藏夹，定期查看它们的职位空缺信息。

这不是你最后一次找工作

这很可能不是你第一次找工作，也不是你最后一次找工作，所以你要把所有的求职信都保存在一个职业管理文件夹里，以便有需要时可以找出来再用。

你要为每一家公司都建立一个电子文件夹或者纸质资料文件夹，保存所有相关的信息。你可以保存公司的网站和一份清单，其中包含因与你求职相关而确认的公司所有高层管理者和其他管理层人员的姓名和职务。每当你找到其他有吸引力的信息时，你就要将其复制到这家公司的文件夹里。比如，当你无意中发现一家公司在某个具体领域的业务增长或收缩的信息，或者你可能读到这家公司近期进行了收购的信息时，你可以利用公司网站、谷歌和谷歌新闻追踪公司的这些活动。

所有这些信息都有助于你时刻关注到潜在雇主，并能以不同的方式脱颖而出。在第一次联系那家公司时，你的了解将为你创造良好的印象：你做出的努力会被注意到，并使你与其他不下功夫的求职者区分开来。这些行为说明你尊重那家公司、那个机会和那位面试官，这些共同看法也有助于使你显得与众不同。

你所有的努力对于帮助你获取面试机会和工作邀请都有显著的短期价值。如果是你的话，那么你会面试并随后雇用谁呢？是那个对你的公司一无所知的人，还是那个什么都知道而且对这些信息表现出热切关注的人呢？

你的努力也有长期的价值，因为你建立的是一个有关你的目标行业、专业、职业的个人化的参考资料库，这将让你下次想要换工作时能有一个良好的起点。

后续跟进：一个警示故事

虽然你发出邮件后会有人打电话和你联系，但要是你像个佛爷那样等着这个世界开出一条通向你家门的路，你可能得等很长时间。

我的一个朋友发布了一则招聘分析师的启事。一周内，他就收到了超过 100 份回复。10 天后，他又收到了 50 份，并且仍然在费力地进行筛选，直到他接到一个查到他名字的应聘者打来的跟进电话（这是他接到的唯一一个电话）。这位应聘者的简历和所有其他人的

“堆在一起”，但这个跟进的电话让这份简历得到了关注。那天快下班时，那位求职者来到办公室，并且第二天一早又来了，然后到午餐时间，她就被雇用了。这不是一个独立的事件，那些让自己被注意到的求职者大多都被雇用了。

让这件事变得对招聘经理来说很容易

如果你还没有成功进入管理层，那么你需要了解我在名为《雇用最能干的人》（*Hiring the Best*）一书中概述的成功原则之一：“管理的首要信条就是通过他人完成工作。”经理们总是为现在和将来的需要而留意其所在领域中有能力的职业人士。但是，他们厌恶招聘和面试，他们只是想找到对的人，雇用他，然后回去工作。你所要做的，就是通过对自己职业化的包装并应用在本书中学到的策略和技巧，让他们注意到你的存在，从而帮助他们工作。

跟进电话有用！

在接下来的书信样例部分，你会发现有些样信中提到申请人会打电话跟进。这样写信人就可以对好奇的前台接线员解释说乔·施莫（Joe Schmoe）“正在等我的电话”或这是一个“私人”电话，或者“这个电话是关于会计部（工程部、客户服务部）的业务的”。

有那么多人会对给一位职业同行打电话并谈论自己的职业感到紧张，这真是令人惊讶。别太担心。在这个纷乱的世界里，有一个绝大多数职业人士都认可的不成文的信条就是：在此过程中只要不会对自身造成损害，你总是应该帮助他人。任何人都曾身处你这种情况中，并且知道这随时可能发生。正因为如此，每个你与之交谈的人都会对你致电的缘由感到同情，并在可能的情况下为你提供帮助。当然，你得提出正确的问题。

没有一个经理人会把一个专业的同事打来的电话当作一种冒犯，而你就是那个专业的同事。要想详细了解如何打电话以及打电话时说什么，请参见最新版《终极求职指南》中有关电话求职的章节。

记录每次联络

为确保你能持续记录发出的信件和拨打的后续跟进电话，我建议你用一个 Excel 之类的电子表格来建立一个联络记录表。分别为公司名称、电话号码、电子邮件地址和联系人姓名创建出不同的序列。一般来说，今天发出一封电子邮件后，接着拨打一个跟进电话的最佳时机是 24~48 小时；今天发出一封传统邮件，接着拨打一个跟进电话的最佳时机是 3~5 天后。

求职信：求职的关键所在

10 个招聘经理中有 9 个希望求职者的简历随附一封求职信，因此一封优秀的求职信将确保你的简历得到足够的重视。它能让你与其他应聘者区别开来，提高获得面试的机会。甚至会让你的面试更加有效、更加成功，因为招聘经理会对你的专业能力和个人素质有个更好的了解。

以下书信样例部分包含了各种各样的求职书信，你可以在求职中利用它们使自己脱颖而出。也期待你来 www.knockemdead.com，或加入我在领英网建立的秘诀和策略（Secrets&Strategies）小组，参与更多讨论和在线研讨会。

请马丁·耶特免费帮你审阅简历！

在你购买本书的网店，撰写一条真实的评论，然后把网页链接和你的简历发送到 MartinYate@KnockEmDead.com。

第 10 章

求职信样例

以下是这本书最重要的部分，你可以用作模板的求职信样例。

除了发信人的姓名和地址（个人信息方面），所有书信都遵循霍顿·米夫林（Houghton Mifflin）出版公司的《最佳写作者指南》（*Best Writer's Guide*）一书中的写作规范。对于可能发现了这一点的读者，请注意，不遗余力地关注细节是十分重要的。

适用于不同行业的求职信

会计部经理

收件人：
发件人：
抄送人：
邮件标题：会计部经理招聘启事
回复：213号文件

尊敬的（姓名）：

我有六年的会计部工作经验，写信来是应聘您近期发布招聘会计部经理的职位。请允许我罗列出我所具备的与贵公司所述用人要求相关的技能。

贵公司的要求	我的经历
▪ 正式的会计师资格以及数年实际工作经验。	▪ 2020年获得特许会计师（CA）资格认证，并具有三年以上会计部经理的工作经历。
▪ 出色的人际交往能力，并具有激励员工的能力。	▪ 曾高效管理过18个员工，包括两名主管。
▪ 强大的行政管理和分析能力。	▪ 协助为800位客户开发一个基于微软Excel的基础参考数据库。
▪ 良好的口头和书面表达能力。	▪ 通过每日辅导课程、沟通会议以及技术技能课程，培训了四位新晋主管。

我认为我的背景经历说明我具有您所需要的核心职业技能。我非常期待能获得一次个人面试机会与您进一步探讨我的资历，随函附上我的简历供您参考。

此致
敬礼！

（你的姓名）
（你的电话号码）

会计部经理

收件人：
发件人：
抄送人：
邮件标题：会计部经理职位
回复：（职位名称和参照号码）

尊敬的（姓名）：

我写信来是为了表达我对在（你看到招聘启事的地方）看到的会计部经理一职的兴趣和关注。

作为一名会计部经理，我精通贵公司所寻求的全部会计职能：应收账款、应付账款、利润表、员工工资发放以及福利管理。

鉴于我在这些方面的经验和专长，我能够就会计问题做出果断而明智的决策。我注重调研和细节，善于分析，能以卓越的时间管理技能安排工作。

我喜欢主动迎接新的职责和挑战，对我的所有评估报告都显示出我的职业自豪感和职业成长度，我能够以专业的态度耐心工作，掌握清晰明确的沟通方式。作为一名会计人员，我对所有工作兢兢业业，并能把这种态度传递给团队。

我附上了一份简历，将向您书面说明我的技能和经历。我非常期待有机会与您会面，并探讨我能如何满足贵公司的需要并为贵公司团队做出贡献。请拨打（709）976-8764 联系我。如果之前未能与您通话，我将在（插入日期）给您致电安排会面。

此致

敬礼！

（你的姓名）

（你的电话号码）

行政投资银行家

收件人：
发件人：
抄送人：
邮件标题：行政投资银行家招聘启事

尊敬的（姓名）：

我写信来应聘贵公司网站上招聘行政投资银行家的职位。我具有12年以上的行政投资银行家工作经验，并曾协助一位副董事长工作，非常符合贵公司所述的需求。

还有一些贵公司招聘启事中没有提到但我认为很重要的参考事项：在银行行政工作中，我们会做保持公司平稳运转所需要做的事。除了贵公司列出的要求，行政工作还需要对束缚银行业务的法律和政治论战做出回应。我在法律委员会从业长达七年之久，并当了四年美国政治行动委员会（PAC）委员*。

我在行政职位上多年的工作经验也使我对资深职业人士的需求具有一种非凡的敏感度。我拥有大量的电脑操作经验，并精通电脑软件。别人评价我具有良好的口头和书面表达能力。

我了解贵公司，而且我的同事__________是系统方面的副总裁。我们都向往类似的工作环境，因此我非常渴望能与您面谈关于这个职位的事宜。

根据贵公司对这个职位所描述的职责、晋升空间以及行业规范，您将发现我的薪资要求是合理且可商议的。我以微软Word和PDF两种格式附上了我的简历供您参考。我是个希望面面俱到的人，为此还在我的签名之后粘贴了一份无格式版本的简历。

此致

敬礼！

（你的姓名）

（你的电话号码）

附件：简历

---

* 政治行动委员会（英文：political action committee），美国政治组织，旨在筹募及分配竞选经费给角逐公职的候选人。——编者注

行政秘书

收件人：
发件人：
抄送人：
邮件标题：我为行政部门“救火”

尊敬的（姓名）：

看到消防部门招聘行政秘书职位的启事，我十分激动，我相信自己是个优秀的人选。看到这个招聘启事后，我向我的叔叔詹姆斯·肯德莱恩了解了更多的信息，更坚定了我对这个职位的兴趣。

在职业生涯中，我具备强烈的工作责任感以及出色的文秘、行政、接待和记录维护能力。我对细节一丝不苟，能高效处理多项任务，并能在快节奏、严守期限的工作环境中解决问题。我在职业上取得的成绩有：

- 在全职工作、管理出租物业的同时，我获得了英语语言文学学士学位，平均学分绩点（GPA）为3.5。
- 主动承担额外的工作职责并根据要求，在学术英语（EAP）经理束手无策的情况下，仅用了4个小时，就查找资料为客户的刊物撰写了一篇整版的文章，并获得好评。
- 提出了能简化工作流程并优化生产率的建议。

为消防和救援部门工作对我来说是一个令人激动且备感荣耀的职位，我也相信您在查看我的简历之后，将会发现我的资历完全符合这个职位的要求。

我期待与您会面探讨我的履历和职业操守能如何为贵公司做出贡献。

此致

敬礼！

（你的姓名）

（你的电话号码）

附件：简历

校舍管理副主任

收件人：
发件人：
抄送人：
邮件标题：校舍管理副主任招聘启事
回复：参考代码 TC-E-5556E2

尊敬的（姓名）：

为应聘贵公司在 NACE 网站上发布招聘校舍管理副主任的职位，我附上了我的简历供您参考。以下列表简要说明了我的经历与贵公司要求的契合之处：

贵公司要求	**我的资历**
▪ 学士学位或具有四年相关专业工作经验。	▪ 临床咨询硕士学位。在学校宿舍管理与咨询方面具有八年工作经验。
▪ 推动并制定教育规划项目，维护庞大预算。	▪ 计划、制定并执行教育项目，管理业务预算。
▪ 管理最多能容纳 1 000 名学生的 3~5 幢学校宿舍楼。	▪ 管理能容纳 500 位大学生的学校宿舍楼。
▪ 监管、培养并评估 3~5 名全职宿管主任。	▪ 监管、培养并评估 26 名宿舍指导员，并直接领导 4 名宿舍指导员和 1 名宿舍指导总管。
▪ 制定宿管规章制度，管理地区办公室，包括账务、居住率和设施使用记录。	▪ 主管前台管理和设施维修部门的各个方面。
▪ 协助系务委员会的行政管理工作，担任学生品行事务主任。	▪ 在美国萨福克郡的纽约州立大学担任学生委员会副主席满一年。

感谢您查阅并考虑我随附的简历。期待近期得到您的回复。

此致

敬礼！

（555）555-1234

推荐行政助理

收件人：
发件人：
抄送人：
邮件标题：推荐行政助理

尊敬的（姓名）：

我很高兴从您的同事（姓名）处得知贵公司需要一位行政助理的消息。我相信我的以往经历正好符合贵公司的要求：

贵公司要求	**我的资历**
▪ 做事自觉主动。	▪ 作为公司销售代表之间的联络员，掌握佣金和产品。 ▪ 为三家公司掌控现金流、预算计划并协调银行业务。
▪ 电脑操作经验。	▪ 会使用 QuickBooks 软件制作招股书的财务报表。 ▪ 对电脑编程以及所有现有办公管理软件和通信协议具有丰富操作经验。
▪ 与多方协作的工作经历。	▪ 为四家公司领导做过行政助理。

我附上了一份简历，能详细说明我的工作经验和能力。我很期待有机会能在个人面试中与您探讨我的资历。

此致
敬礼！

（555）555-1234

附件：简历

初级商业分析员

收件人：

发件人：

抄送人：

邮件标题：初级商业分析员

尊敬的（姓名）：

我很荣幸在昨天的招聘会上见到了您的团队成员。我具备初级商业分析员职位所需的技能，并打算正式申请这一职位。我目前是一名大四学生，并将在 2018 年 4 月获得管理学学士学位。

在过去四年的勤工俭学过程中，我积累了职场实战经验，并渴望开启职业生涯。

我在做过的工作中都表现出色，包括销售业务、项目管理、客户服务以及集体项目等工作。我有很强的团队精神，并具有出色的分析、组织和时间管理能力。我相信我的技能加上我对学习新事物的热情，正是您所寻找的能加入您团队的成功候选人需要具备的品质。

我了解贵公司并对贵公司十分感兴趣，具备您所要求的实际工作经验，且工作以绩效为先，我非常想得到这次机会。贵公司校园招聘的是初级商业分析员，您还能在哪找到具有几乎四年工作经验的初级商业分析员呢？

若能获得面试机会，我将感激不尽。我的简历随信附上，我的电话号码如下。谢谢！

此致

敬礼

（555）555-1234

初级财务

麦克·施里斯基

纽约州布罗德赫斯特 11573　　516accountant@hotmail.com　(555) 555-1990

(日期)

姓名

(职务)

公司名称

地址

尊敬的(姓名):

我写信来是为应聘贵公司在(你看到广告的地方)招聘(职位名称)的启事的。我的工作经验令我成为(职位名称)的一个绝佳选择，而且我最近获得的学位能够证实我接受了最新的学历教育和能力培养。

我具备以下能力:

- 在会计和财务方面拥有扎实的教育基础。
- 能提高组织绩效的管理和雇员培训技能。
- 经实践证实的与来自多种文化和社会经济背景的个人共事的能力。
- 一份学业和工作表现优秀的过往记录可备查询。

我附上了我的简历供您参考，您将从简历中了解到我的学历和工作经历。我期待有机会与您见面，进一步探讨我能如何作为您团队的一员做出贡献。您可以拨打(555) 555-1990 或通过 516accountant@hotmail.com 联系我。谢谢!

此致

敬礼!

麦克·施里斯基

附件：简历

财务

收件人：
发件人：
抄送人：
邮件标题：（职务名称和参考号码）

尊敬的（姓名）：

我写信来是为了表达我对（插入看到招聘启事的地方）发布的（职务）职位的兴趣。我拥有经济学学位，并具备四年以上在政府机关的财务、会计和福利服务部门的实际工作经验。我有查询绝密文件的许可并拥有美国国防部（DOD）、国际航空协会（IAA）、个人可识别信息（PII）、隐私法以及健康保险可携性和责任法案（HIPAA）的操作证书。

作为一名财务服务专业人员，我的经历包括：

- 实施方针、政策和制度，做出裁定性决定，并依据具体规定执行各项过程。
- 调查并解决顾客关于赔偿、免税和付款方面的问题。
- 依据即期付款法（the Prompt Payment Act）评估并处理付款事宜。
- 通过 GoNavy Ed 数据库持续记录自动检测和估算系统（ACES）项目的成本和质量。
- 仔细检查发票金额的一致性，确保准确性。

我有强烈的工作责任心，致力于个人和部门的成功，并努力始终如一地做到工作无差错。我能快速学习，乐于接受挑战，能够迅速适应新的环境，并且无论任务是什么，我都愿意付出额外的努力去完成。

我附上了我的简历供您查阅，并期待与您探讨我的技能是如何符合您的要求的。您可以拨打（555）555-8734 联系我。

此致

敬礼！

（你的姓名）

（你的电话号码）

金融分析师

收件人：
发件人：
邮件标题：本·索利让我联系您有关金融分析师职位的事宜

尊敬的（姓名）：

最近我和我们共同的朋友本·索利谈过话，他强烈建议我给您发一份我的简历。我很高兴听说您需要一位金融助理，我相信我的以往经历正好符合您所需要的资历：

贵公司的要求	我的资历
▪ 3~5 年建立并维护复杂金融模型的工作经验。	▪ 在一家业绩最好的对冲基金公司工作了四年。 ▪ 建立并维护复杂金融模型，以支持私募股权交易投资，资产组合涵盖 30 多只股票，总市值达 1 亿美元。 ▪ 用 Excel 建立矩阵分析模型，对风险因素的敏感度进行分析
▪ 优异的学业表现。	▪ 以优异成绩获得加州理工学院经济学学士学位。
▪ 管理多个项目并按规定期限完成工作的能力。	▪ 在快节奏的工作环境中每月提交 15~20 份研究报告和记录。

我最大的优势在于能够清晰地阐述复杂的金融信息。这使我能够把模型的结果和深入的分析概括为简明扼要的投资信息，并汇报给资产组合经理，从而获得投资收益，避免成为投资失败者。

如果关于这个职位的传言是真的，那么我希望能够进一步和您探讨，并将在 8 月 2 日那一周致电给您跟进此事。也许随附的简历会让您感到兴奋，您可能会先给我打电话或发邮件。

此致

敬礼！

（你的名字）

（你的电话号码）

重型设备主管

收件人：
发件人：
抄送人：
邮件标题：重型设备主管招聘启事

尊敬的（姓名）：

请接受随附应聘贵公司重型设备主管一职的简历。

我的工作经历包括10年以上操作并维护重型设备的经验。在我目前的职位上，我操作反铲挖土机、装载机、拉勒（Lull）公司设备、加利恩（Galion）臂起重机、沟神（Ditch Witch）牌挖沟机（大型后向操作设备）、叉车、扫路机和吊斗车。此外，我还主管故障排除、维护和修理所有这些部门设施。

我的监管和领导技能同样突出；我曾管理多达40个员工的团队。我极其勤奋，曾负责监督和管控影响公司日常运作、效率和营利性的多个项目和事项。鉴于总是能在规定期限和预算内完成项目，我获得了高级管理层的认可。

在我的职业生涯中，经过在多项业务间的转换，我具备了过硬的多任务处理能力。事实证明，这项能力在一个所有事务都需要在当天完成的行业里是一种优势。

如果我的技能符合贵公司的需要，那么我很乐意有机会与您会面，确定我能为贵公司做出哪些贡献。感谢您的考虑。附上我的简历供您查阅。

此致

敬礼！

（555）555-1234

水文工作者

收件人：
发件人：
抄送人：
邮件标题：水文地质学家方面的地下水建模工程师，溶质运移模拟，定量分析能力
回复：水文地质学家方面的地下水建模工程师职位，公司职位编码 ACHZ4121-234059，AJB 参考号码 4950495，职位编码 0000BZ/BBBB

尊敬的（姓名）：

我听说贵公司需要一位水文地质方面的地下水建模工程师，并对此非常感兴趣，因为我所具备的资历恰巧符合贵公司要求。请查收我随附的简历供您参考，并请允许我简要地说明我能如何为________做出贡献。

我拥有水文科学专业的理学硕士学位以及 7 年多的研究工作经验，并在溶质运移模型的前沿理论方面打下了坚实的基础。因此，我掌握了高效的定量分析方法并积累了水文地质学相关的基础原理和概念的实践知识。

我的简历将对我的教育背景和专业经验做出详细说明。除了具备这些资历，我还曾成功地独立运作项目并参与团队项目，很容易适应快速变化的工作条件。能够参与作为“水质行业领导者 80 年”的 CRPH 公司的推进水文地质学和地下水发展的项目，将是我的荣幸。

我非常期待能够有机会参与这个职位的面试，与您探讨作为您的团队成员我能做出哪些贡献。谢谢！

我的简历附在后面供您查阅。

此致

敬礼！

（555）555-1234

人力资源管理

收件人：
发件人：
抄送人：
邮件标题：人力资源管理

尊敬的（姓名）：

看到贵公司招聘一位有工会管理经验的人力资源总监的招聘启事，我十分兴奋，因为这个职位与我所具备的技能非常匹配。

我的工作重点包括定向招聘、员工敬业度提升和技能培养，我的工作重心在于确保我的雇主拥有合格的员工，使他们能够在合适的岗位上工作，得到适当的培训和持续的激励以追求职业的发展从而提供最有价值的企业资产——有技能且工作积极的人力资源。

我近期取得的工作成果包括以下方面：

- 一项开放式的人力资源政策，以及人人可见的员工改善计划和服务，展示出人力资源部门有助于员工个人发展的定位。
- 成功应对高度工会化的组织环境，包括与工会代表谈判、处理员工意见，并确保处理方式与合同条款一致。在过去五年中，公司没有出现任何抗议、罢工或类似事件。
- 通过迎新会、持续培训和教育项目，使全体员工都以生产力为导向进行工作。

我是一个值得信赖并热情洋溢的人，忠心耿耿，会不断地为复杂的情况找出解决方案。通过对贵公司的了解，我相信我能迅速成为您团队中的一位能够直接做出有价值贡献的人。

如有任何问题或需进一步探讨此职位有关事宜，请和我联系。感谢您的考虑。

此致

敬礼！

（你的姓名）

（你的电话号码）

实习生

收件人：
发件人：
抄送人：
邮件标题：（职位名称和参考代码）

尊敬的（姓名）：

我一直对时尚行业充满热情，并于近期搬家到纽约追寻这项事业。现在我满怀激情地来向您申请近期在（地点）发布的招聘销售实习生职位。我会说多种语言，能适应多种文化环境，具有组织管理经验，并有从设计到制造再上市这个过程的工作经历。我就读法律专业的学术严谨性使我除了具备专业技能之外，还拥有超出自身年龄的职业成熟度，而在其他候选人身上您可能很难找到这个优点。

我还具有精品店设计和室内装修的工作经验，以及良好的纺织品方面的基础知识。作为一个职场人士，我总是致力于创造价值，至今的工作经历包括：

- 筹备广告、营销物料内容，并战略性地发布广告以吸引预期目标市场。
- 为一个瑞士手表厂商构想并协助制作出一个女性腕表系列的原创设计。
- 安排客户会议日程，管理会议记录，与供应商谈判，并提供优质的客户服务。
- 为调配部门安排现场后勤事务，包括为客户提供交通和住宿服务。
- 与客户谈判合约条款，并负责所有签约和后续服务事宜。

我相信我所具备的能力和主动性，能够始终如一地完成作为您下一位销售实习生所需承担的职责。希望您能给我提供一次参与个人面试的机会，谢谢！

此致
敬礼！

（你的姓名）
（你的电话号码）

国际业务管理

收件人：
发件人：
抄送人：
邮件标题：推荐国际业务销售经理
回复：国际业务销售经理

尊敬的（姓名）：

我近期与贵公司的哈特·辛格交谈过，他强烈建议我就以上职位给您发送一份简历。他了解这个职位的要求，并认为我会是一位理想的人选。我拥有电子工程学士学位，会说法语和德语。

我做国际销售管理相关的工作超过 11 年了，其中 7 年在航空航天领域工作。我所具备的适合这个职位的资历包括：

- 在法国、英国和德国建立销售办事处。
- 招聘并管理有 24 位国际业务销售代表的团队。
- 为所有的欧洲员工提供培训项目，包括对本公司自有产品和竞争对手产品线进行全面介绍。
- 在法国、德国和英国市场分别取得 42%、33% 和 31% 的市场份额。
- 与当地所有的发动机和机身制造商合作。
- 产生超过 3 200 万美元的销售额，且获利丰厚。

我有信心通过一次面试来向您说明我在建立销售办事处以及培训和管理国际销售业务部门方面的专长，让您感到这次面试没有白费。我期待与您会面，并将在本周末之前致电给您跟进此信。

随附我的简历供您查阅。

本人敬上。

国际业务销售与市场营销

收件人：
发件人：
抄送人：
邮件标题：国际消费品销售

尊敬的（姓名）：

近期我和杰克逊·波洛克（Jackson Pollock）交谈过（他向您致以问候），他认为我具有的八年国际消费品销售经验，以及对贵公司产品线的深入了解，可能会引起您的兴趣。他建议我与您联系。

我了解贵公司的品牌，作为一个专业销售人员，我对能够轻松销售贵公司系列产品十分心动，因为作为一位女性，我很欣赏贵公司每一款产品所表现出的高质量标准。

我与南美零售商打交道所积累的工作经验让我能够很好地理解不同的文化和传统，而且我会讲一口流利的西班牙语对工作帮助很大。

附上我的简历，如果您有任何问题，那么可以通过此电子邮箱或以下电话号码联系到我。我非常乐意与您进一步沟通，几天内我将致电给您。

此致

敬礼！

（555）555-1234

非营利性组织执行董事

谢丽什·帕托夫斯基

肯塔基州帕瑟姆 特拉特　　socialimpact934@yahoo.com　　934.432.4538

（日期）

（选拔委员会）

（公司名称）

（邮寄地址）

（城市，州和邮编）

尊敬的（选拔委员会）：

作为一位富有经验的大型非营利性组织的执行董事，我拥有非营利性组织管理各方面的大量工作经验，包括志愿者招募和培训，与执行董事会合作，战略规划制订，公共关系和特别活动管理等。以下工作简报列出了我的资历如何符合贵公司所述的职位要求。

贵公司要求	我的资历
■ 擅长资源开发和募捐，有开发并实施创收性特别活动的实际经验。	■ 曾策划营销策略并成功领导募捐活动，募捐额从50万美元到2亿美元不等。 ■ 展示出通过确定、结交并征集捐赠人来提高募捐额的能力，捐赠人包括高净值、超高净值人士以及公司合伙人。
■ 非营利性组织管理经验。	■ 具有16年以上建立合作性、富有成效的社区业务关系的经验。 ■ 曾与慈善组织董事会共同开发项目、组织、财务和管理方面的计划。 ■ 擅长招募、雇用、培训并激励专业员工，同时促使志愿者积极广泛参与活动。
■ 进行战略规划并完成目标	■ 具有战略眼光和规划能力，帮助组织为发展定位。 ■ 具有与董事会、商业和社区领袖、政府官员以及非营利性组织建立合作关系，共同制订战略计划的能力。 ■ 出色的组织分析能力，能明确组织面临的机会，并制定促使组织发展的策略。 ■ 注意随时向董事会汇报本领域的重要发展动态和趋势。

- 财务管理经验。
  - 曾制定并实施健全的财务制度，通过恰当的记录管理和汇报机制，保持组织财务诚信，实现年度财务目标。
- 沟通和宣传能力。
  - 有能力保持高度的公众知名度，并作为一名代言人和作家，传达令人激动的愿景，为组织使命获取支持。
  - 经实践证明，具有为支持组织活动和事件制订公关方案的才能。

我将很荣幸有机会与您面谈，以便进一步探讨我的经验和领导力如何能为贵公司的具体需求服务。期待收到您的回复，我将近期与您联系以安排会面时间。

顺颂商祺。

谢丽什·帕托夫斯基

附件

运营总监

收件人：
发件人：
抄送人：
邮件标题：（职位名称和参考号码）

尊敬的（姓名）：

作为全国性连锁餐厅斯塔基（Stuckey）公司的运营服务总监，我很擅长劳动力发展和全面质量管理。我对贵公司招聘的运营与劳动力发展总监一职很感兴趣。

也许我最大的优势就在于提升加盟商和总经理获得更高生产率、赢利能力和顾客忠诚率的能力。不过，这也很难说，因为我还具备其他方面的丰富经验，并在以下方面展示出了领导才能：

- 新餐厅开业，连锁餐厅运营以及设施管理。
- 预算预测与管理。
- 供应商采购以及为成本控制进行谈判。
- 危机与资金周转管理。
- 为提高生产率并优化工作流程而应用新技术。
- 提升员工敬业度，激励员工和业绩管理。

随附的简历说明了我在所有全国性加盟商经营情况都不太理想的情况下所取得的成果。在您查阅后，我很希望有机会参与运营与劳动力发展总监一职的面试。期待与您开启积极的交流。十分感谢！

此致

敬礼！

（你的姓名）

（你的电话号码）

运营管理

收件人：

发件人：

抄送人：

邮件标题：运营管理

尊敬的（姓名）：

我对（插入看到招聘启事的地方）发布的（插入职位名称）职位很感兴趣且符合要求。我是一个有15年电信行业工作经验、八年项目管理工作经验以及五年管理技能的工程师和专业运营人员。

我有参与各式各样快节奏、多地点项目和计划的工作经历。日常职责包括预算分析、资源分配、绩效和项目复盘以及管理公司与客户之间的关系。

以下是一些我知道您希望一名运营管理专业人员需要具备的能力：

- 能推动息税折旧摊销前利润（EBITDA）显著提升的运营领导力。
- 在关闭两家信息中心的情况下改善生产率，在节省开销的同时提升了绩效。

作为一名运营总监，我了解跨职能团队之间（往往还包括与供应商之间）进行清晰沟通的重要性，并把动力和敬业精神带入工作以持续在预算期和预算成本内产出预期成果。我的管理和领导技能使我有幸能通过运营复杂项目和计划为股东提升权益。

随附的简历将为我的职业经历和上述说明补充更多细节。我们能面谈吗？

此致

敬礼！

（555）555-1234

律师助理

收件人：
发件人：
抄送人：
邮件标题：律师助理职位
回复：（职位名称和参考编码）

尊敬的（姓名）：

贵公司在（插入找到招聘信息的地方）发布的招聘律师助理的任职要求与我的经历和专长十分匹配。在七年的律师助理工作中，我始终在各种诉讼职能中保持最高表现水准。我乐于并能够熟练应用相关技术，能使用万律（Westlaw）和律商联讯（LexisNexis）数据库为公司进行调研，以协助对复杂案件进行管理。

我具备优秀的组织和沟通能力，高度的职业道德，以及在团队协作和独立运作的环境中都能高效工作的能力。我能严守工作期限，协助监督工作过程符合公司总体规章和制度，同时在涉足的事务中谨慎行事。

我很希望有机会与您面谈，以进一步详细探讨我的资质和应聘事宜。请随时拨打（555）555-8266或通过以上电子邮件地址联系我。谢谢！

此致

敬礼！

（你的姓名）
（你的电话号码）

治安官

收件人：
发件人：
抄送人：
邮件标题：申请成为治安官

尊敬的（姓名）：

我在此提交随附的简历是为了申请治安官职位。我近期完成了这个职位所必需的教育背景要求，而且我十分盼望能获得有关这个职位的面试机会。

我在＿＿＿＿＿取得的刑事研究专业学位使我有机会剖析与人类行为及刑事司法制度相关的重要概念、原则和实践。我在课程作业和项目中表现优异，展示出在执法和社会科学问题方面的深厚学识。

我了解学术研究和现场工作之间存在着巨大差异，但我相信以我的学识和对刑事司法的投入，将使我有能力在您的部门高效地工作。

我在大学期间也曾参与工作，我的经理对我的领导能力和组织能力大为肯定。例如，作为＿＿＿＿＿方面的认证培训师，我培训过八名工作人员，并通过在团队成员和顾客之间建立良好关系而提升了团队绩效。

我附上了一份简历以便为您提供有关我的背景和成就的全部详细信息。谢谢！

此致

敬礼！

（555）555-1234

项目管理

收件人:
发件人:
抄送人:
邮件标题:来自信息技术项目经理财务服务人员的问题

尊敬的(姓名):

我可以请您提供建议和帮助吗?

由于我所在的银行与另一家银行合并,我正在寻找新的工作机会。虽然我对自己在新的组织中的位置具有信心,但我也相信,这是一个让我事业更进一步的绝佳机会。

在我目前的信息技术项目经理职位上,我带领团队开发了重要的财务系统,与同事共同管理,使两个部门顺利迁移到另一个州,节省了一大笔成本支出并获得生产收益。

正如您将要看到的,在过去11年中,我在绩优上市公司工作,并承担了大规模的全球性项目工作。这样的工作经历使我涉猎广泛,并有能力及时做出明智的决策。我曾实施全新的系统,设计测试方法,管理资源,修复与供应商之间的不良关系,以及解决各种危机。

如您将从我随附的简历中列出的成果看到的,我的职业生涯在取得这些成果的基础上得到了快速发展。我将十分感激您能抽出几分钟给我提出建议。我将在几天内致电给您,看我们是否可以安排一次短暂的会面。

万分感谢!

顺颂商祺。

(你的姓名)

(你的电话号码)

附件:简历

放射科医生

收件人：
发件人：
抄送人：
邮件标题：（职位名称和参考编码）

尊敬的（姓名）：

贵公司近期招聘的放射技师职位与我的资历十分相符，我写信来是为了向您表达我对这个机会感兴趣。我从 2011 年起就是一名放射技师。我是美国放射技师注册学会（ARRT）和放射技师路易斯安那州协会（LSRT）的成员，并获得了基础生命支持（BLS）和心肺复苏（CPR）结业证书。我的工作理念包括为病人提供周到的护理、高质量的 X 光影像、可靠性和灵活性的服务。

我能够适应高强度的工作环境，如有需要可以在周末参与急诊室轮班。

这些经历使我成为一名兼具学识与能力的技师。我会运用组织技能应对多重优先事项，并能快速学会操作标准、规章和制度。

我在艰难处境中对他人的理解和热忱对我在各种情境中的行为都产生影响。我真心实意地以客户为先。我还具备一项常常被忽视的技能，那就是通过详细解释操作过程并建立一种舒适的环境让病人放松下来，这有助于我总能拍出高质量的诊断胶片。

我很乐意有机会面谈并进一步探讨我所具备的与贵公司要求有关的资历。附上我的简历，您可以通过以上的电子邮件地址或电话号码（555）555-6548 联系到我。

此致

敬礼！

（你的姓名）

研究助理

苏珊·麦克利

西弗吉尼亚州巴德阿克斯　　(845) 901-0632　　research914@gmail.com

2016 年 6 月 30 日

文特尔学院

罗克维尔，分子动力学 20850

回复：研究助理

参考编码：INNE 2387

尊敬的（姓名）：

我来应聘贵学院在 science.com 上发布的招聘一名研究助理 I/II 的职位。我具有四年分子生物学技术方面的深入研究经验，拥有分子医学与药理学硕士学位，并十分乐意把我的技能在文特尔学院（Ventner Institute）加以应用。

作为一名助理研究员，我具有独立设计实验的实践经验，包括制订进度计划、研究范围，并在遵循适当规范及做出专业判断的情况下对数据进行分析。

作为一名研究助理，我以多种方式创造价值：

- 优秀的组织和时间管理能力，能够在快节奏且要求和优先事项不断变化的环境中同时掌控多个项目。
- 操作实验室器材的能力，包括操作平衡器、离心机、真空离心蒸发浓缩器、分光光度计、高压灭菌器，同时保证遵循安全制度和规范。
- 维护实验室记录和代表已完成工作的生物样本的精确度并及时更新。
- 维护实验室器材、试剂和库存。

除以上事项之外，我还具有向各类听众做技术演示的口头和书面表达能力。我具备扎实的分析与研究能力，能够有效管理时间，对工作优先排序，既能独立工作，也能配合跨职能团队工作。

我非常乐意安排与您的会面，进一步探讨以我的资历如何能够成为您研究团队的一员。可否与您面谈进一步探讨贵学院的需要？

此致

敬礼！

苏珊·麦克利
（845）901-0632
Research914@gmail.com

销售和市场营销

收件人：
发件人：
抄送人：
邮件标题：销售和市场营销职位

尊敬的（姓名）：

我相信我能帮助您应对贵公司近期（你看到招聘广告的地方，比如《华尔街日报》、Monster.com 等）招聘广告中所概括的挑战。贵公司的职位描述与我作为销售专业人员的经验十分吻合，我追求成功，并完全了解为实现收入目标而制定制胜性战略的重要性。

作为一名实习生，我对工作充满热忱和干劲，动力十足，而且我对在高要求、自主性的环境中如何工作具有切实的理解。

我渴望获得新的体验，因此您可以把我放在各种工作环境和职位上，我一定能达到您所期待的出色水平。我是一个有说服力的人，同时也是一个敏锐的倾听者，责任心强，平易近人。我为自己以客户为中心的服务意识引以为豪，并已展现出成功建立并培育良好客户关系的能力。

附上我的简历，我敢肯定一次面对面的会议将能全面地展示我符合您所期望的所有能力。期待与您会面。谢谢！

此致

敬礼！

弗朗索瓦兹·加西亚

847-268-9477

销售和市场部经理

收件人：
发件人：
抄送人：
邮件标题：销售和市场部经理

尊敬的（姓名）：

贵公司近期关于招聘一位销售和市场部经理的招聘启事（Sales.com 职位编码：45678）正是我在 18 年工作中培养出的所有技能的写照。

我在领导销售和市场部门运作方面具有丰富经验。在这些方面，我的突出表现和能力包括以下方面：

- 通过与当地和地区性专业服务公司建立互荐伙伴关系而创造出新的收入。
- 提高总体业务增长，通过建立牢固的客户关系并为中型公司客户制订业务外包解决方案，六年来的营业收入提升了 300%，利润提升了 270%。
- 使辅助性服务产品销售提升 93%，带来 310 万美元额外收入，提高客户渗透率并获得多个公司奖项。

我认为自己是一个事必躬亲的领导者，以身作则激励下属，善于激发高效团队在一个高度竞争、不断变化的市场环境中提供创新性的产品。此外，我娴熟的口头和书面表达能力为我赢得了来自客户以及内外部利益相关人的无比敬佩。

由于具备多年实践经验积累的能力，我可以迅速地把我的各项技能用于实现战略性业务发展目标。我在认清机遇、进行深入尽职调查并采取可行性的行动来为公司提升营业收入方面具有高超的技能。

随附的简历将对我能为贵公司做出有价值贡献的潜力进行进一步说明。我的电话号码如下，我随叫随到。谢谢！

此致

敬礼！

（555）555-1234

销售助理

收件人：
发件人：
抄送人：
邮件标题：有可核实业绩记录的销售助理

尊敬的（姓名）：

如果您正在寻找一位有可核实业绩记录并勇于追求成功的初级销售助理，请选择我吧。我取得的成果包括：

- 在做全职销售工作的同时付清了大学学费。
- 获得三枚奖章并因销售业绩突出而被提名为总裁俱乐部成员。

虽然我到12月才能拿到传播学学士学位，但是我迫切希望能尽快开始工作——全职或兼职都可以。我可以平衡好销售助理的职责工作与我最后阶段的学业安排，因为我在过去四年要学习全部课程时也做到了这点。

我是一个科技迷，并已通过工作证明有企业对客户（B2C）销售的签约能力，我有信心一定会为您的销售部门做出积极的贡献。附上我的简历供您参考。若未接到您的来电，我会在两三天内致电给您商定面试时间。感谢您对我的考虑。

此致
敬礼！

（555）555-1234

供应链主管

纽约州罗斯林 11567

麦克·戴维斯

电话（516）843-9268　SupplychainNY@gmail.com

2017 年（月，日）

（姓名）

（公司名称）

（地址）

（城市，州邮编）

参见：（职位名称）

尊敬的（姓名）：

我是一个有 20 年工作经验且注重业绩的供应链主管，曾经历企业为达到世界一流水平及可持续发展而加速增长的阶段。如果贵公司需要在世界范围内实现业绩和盈利的提升，也许我们应该沟通一下。

我最大的优势之一就在于具有制定并实施关键策略以增加收入、降低成本的能力。举例来说，我主导为现场服务工程师设计并安装了自助式工具，从而减少库存货值 75 万美元，减少货物运输 40%。

我在欧莱雅（L' ORÉAL）公司担任全球规划总监一职时，曾管理整个供应链生命周期，为业务流程重组的项目方案提供指导方向，通过与生命科技公司（Life Tech）的供应链提前终止服务节省了约 25.8 万美元，并将产品供应水平提升了 3%，节省国内运输费用 27 万美元、国际运输费用 67.2 万美元。

我能为复杂的商业难题制订出巧妙的解决方案，在合作领导力、沟通和适应性方面也技能娴熟。以往的成就表明，我是一个能在快节奏且具有挑战性的环境中取得良好业绩的领导者。我们能否详谈？

此致

敬礼！

麦克·戴维斯

电话：（516）843-9268

SupplychainNY@gmail.com

教师

收件人：
发件人：
抄送人：
邮件标题：学业能力倾向测验（SAT）教师

尊敬的（姓名）：

我写信来是因为看到贵公司正在招聘英语和学业能力倾向测试（SAT）教师。我是一名文学专业，或者更广泛地说，学术史专业的学生。我相信我能为贵公司做出真正的贡献，原因如下所述。

- 作为一个不久以前参加过学业能力倾向测试、美国大学入学考试（ACT）以及英语和历史大学预修课程（AP）考试的人，我不仅对这些测试本身很熟悉，也了解在准备考试期间的心理和情绪压力。
- 我所专长的两个领域的特性使我对相关学科也有所涉及，比如历史，并且能在短时间内掌握我所不熟悉的人文学科的基础知识。
- 通过在＿＿＿＿＿＿与智障儿童打交道的工作经历，我具备了足够的耐心和一名教育工作者所需要的练达，并对那些无意或无力获得优异学业成绩的学生所面临的挑战感同身受。
- 我有意继续攻读研究生并成为一名教授，我的志向不仅在于擅长教学，也要激发学生的学习热情，这种热情使我本人在人生中的各个方面都有所受益。通过辅导学生，我希望与学生教学相长。
- 通过做编辑和文案的工作经历，我对运用英语语法、句法和论点结构知识来改进专业作家的作品具有丰富的经验，同时在开展工作时，我会采用令人鼓舞并充分照顾作者感受的方式。

十分感激您花时间查看我的资质证明文件和随附的简历，希望我们很快能详谈。您可以随时拨打以下电话与我联系。

此致

敬礼！

（555）555-1234

发声和语音纠正兼职教员

收件人：
发件人：
抄送人：
邮件标题：发声和语音纠正兼职教员

尊敬的（姓名）：

我对贵校招聘的发声和语音纠正兼职教员非常感兴趣。我在__________任语言治疗师 25 年的工作经历使我具备您所需求的各项技能。

您将发现我所具备的与这个职位相关的关键点包括以下方面：

- 评估残疾人的需求并为其提供指导经验。在目前的职位上，我与有听力损失、情感障碍、注意力缺陷障碍（ADHD）、自闭症和其他残障的学生进行一对一辅导，帮助他们提高言语能力。我还负责制订个别教育计划（IEP）并参与评鉴研究中心模式（CES）过程以明确学生的需求并执行指导计划。
- 优秀的领导技能并有指导同事的经验。目前，我对语言治疗师以及教授听力障碍学生的教师进行指导，同时监督管理另外两位语言治疗师的工作。
- 拥有语言病理学硕士学位以及纽约州语言和听力障碍教师资格证书。此外，我还参加了音素意识、自闭症以及综合性精神发育障碍方面的研讨会。

在目前的职位上，我负责解决大约 300 位具有语言缺失问题的小学生和中学生的需求。我相信以我的学识和专长能在这个发声和语音指导性职位上有效服务于贵校学生。

期待很快能与您通话。请打电话或发电子邮件联系我，以便在我们都方便的时间安排会面。我的简历随信附上。谢谢！

此致

敬礼！

（555）555-1234

（你的邮件地址）

应聘招聘启事中的职位

会计招聘启事

收件人：
发件人：
抄送人：
邮件标题：注册管理会计师（CMA）及通用会计准则（GAAP）方面职位空缺

尊敬的（姓名）：

我写信来是为了表达我对（看到招聘启事的地方）发布的（职位名称）一职的兴趣。作为一名娴熟的会计专业人员，我在财务管理、运营分析、实施有效的会计系统和提升组织绩效方面有超过10年的经验。作为一名注册管理会计师，我以丰富的知识和对通用会计准则的实际应用作为工作的支撑。

在我的职业生涯中，我始终保持对会计职能的最高绩效标准。我有执行全周期会计核算的工作经历，包括编制财务报表和支持公司发展所需财务要求的业绩证明资料。

我还具有优秀的组织能力、出色的职业操守，并且在独立完成团队协作的环境中都能高效工作。我将很乐意有机会与您探讨我能如何为贵公司的财务管理团队取得成功做出类似的贡献。

期待我们很快能交谈，我的电话号码就在签名下边。谢谢！

此致

敬礼！

（你的姓名）

（你的电话号码）

客户经理——招聘启事

收件人：
发件人：
抄送人：
邮件标题：票务客户经理职位 #4537SAM

尊敬的（姓名）：

我想应聘近期（招聘帖发布的站点）发布的执行客户经理一职。作为一名具有销售领域 10 年工作经验和良好教育背景的前职业足球运动员（我由于伤病提前结束了运动员生涯），我相信自己能为您的销售团队做出富有成效的贡献。我具有扎实的沟通能力和业务发展能力，并在我的职业生涯中充分发挥了这些能力，持续超额完成销售目标。我了解通过个人接触培育客户关系的重要性，并致力于为所有购票者提供高水平的客户服务。我为自己对工作的投入度、积极性以及不惧挑战而感到自豪。

我所具备的技能包括：

- 高效的销售技巧、客户服务、团队合作和解决问题的技能。
- 与人建立牢固关系的能力。
- 接受过运动套票销售的培训。
- 优秀的沟通技能以及与客户交流的能力。
- 在陌生电话销售和销售预测活动中与对方建立融洽关系的技能。
- 在快节奏环境中同时处理多项任务的能力。

此外，正是我对体育的热忱和以往在体育行业的经验，加上我获得的体育和娱乐管理专业学士学位以及市场营销战略方向工商管理硕士（MBA）学位的良好教育背景，让我能够脱颖而出。

附上我的简历，其中有关于我的优势和职业成就等方面的更多信息。我将很乐意有机会与您探讨我能如何为您的团队获得成功做出类似贡献。期待收到您的回复以确定面试时间。

此致

敬礼！

（555）555-1234

品牌管理

收件人：
发件人：
抄送人：
邮件标题：品牌管理协调员招聘启事

尊敬的（姓名）：

贵公司6月9日在《纽约时报》网站上发布的招聘一名品牌管理协调员的启事似乎完美契合我的背景和经历。作为__________的国际品牌协调员，我负责安排各种会议、准备演示报告和资料，并组织过一次重大的非现场会议。我相信我是这个职位的优秀候选人：

贵公司的要求	我的资历
■ 在每个项目中都具有高度积极性、圆通性、灵活性、注重质量的专业人员。	■ 成功管理过涉及不同业务部门的项目团队。获得了预期的成果。
■ 出色的组织技能，注重细节。	■ 曾策划__________系列产品的开发和发布。我以前的经理非常喜欢把“细节”和后续跟进事项交给我处理。
■ 大学学位以及至少三年相关业务经验。	■ 布朗学院（Brown College）学士学位，六年以上在高效、专业环境中的从业经验。
■ 熟练使用计算机。	■ 熟练使用Windows和苹果麦金塔（Macintosh）计算机的应用。

我对这个职位感兴趣是因为它符合我在人力资源领域的新的职业追求。目前，我正在学习纽约大学的成人职业规划与发展证书课程。

附上我的简历供您查阅。如果您和我一样，也认为我符合您的要求，请致电给我。感谢您的考虑。

顺颂商祺。

（555）555-1234

临床药剂师职位空缺

收件人：
发件人：
抄送人：
邮件标题：临床药剂师职位空缺

尊敬的（姓名）：

当从我们共同的朋友阿马赖亚·西柯尼处听说您这里有临床药剂师的职位时，我非常激动，因为这是一个我梦寐以求的职位。

我看到在贵公司网站上的工作职责描述中提到，您正在寻找一位能与其他医疗保健专业人士愉快共事并能为病人提供高质量护理和关怀的人。我有六年在医院为公众服务的经验，并因此与大量医疗保健专业人员共事。

重要的是，我对在一家医学院附属医院使用的各种药物以及在此环境中所需具备的良好的药品管理规章完全熟知。随附的简历将说明我对职业的全情投入，以及与贵公司对临床药剂师职位要求相符的教育背景和工作经验。

感谢您的考虑，我相信您对随附的简历进行评估后会发现，我是个合适的人选。期待与您进一步沟通。请致电给我。

此致

敬礼！

（555）555-1234

云管理

收件人：
发件人：
抄送人：
邮件标题：云管理

尊敬的（姓名）：

贵公司在（插入看到招聘启事的地方）发布的招聘一名数据中心经理的启事正符合我所具备的资历，我写信来就是为了表达对这一职位的兴趣。我是一家专业化、高安全性网站的首席数据中心工程师，该网站为一家从事安全金融信息服务的全球供应商保管 1 800 个企业服务器［主要为三星怪兽（Samsung monster）型号］。

在目前的职位上，我负责维护硬件、软件和环境，以保证恒定的信息流可用性达到 99.999%，可用时长 10 年以上；我还维护了一项违约罚金为 50 万美元的六小时无故障通用技术规定（CTR）合约。我的职责范围包括：

- 首席存储工程师，管理 3 名轮换助理工程师的工作。
- 为__________代管第三方网站的完整性。
- 代表公司作为第一联络人，为一个有着全球分散站点的客户解决所有问题。
- 提高响应度，同时减少为客户解决问题的时间。
- 减少员工加班量 50%。
- 经营国内最干净的计算机存储室。

我接受过世界领先的绩优科技公司之一的培训，学习如何预见客户需求，并以冷静的态度、专业的一致性和技术能力提供令人满意的服务。在数据中心管理工作中，我能预见问题并把控细节，尽最大可能让客户放心。我习惯与组织内各级人员以及各级技术和管理岗的客户打交道，最大优势在于能促进跨部门团队和多元企业文化之间的协作。

附上我的简历，其中有关于我的优势和职业成就等方面的更多信息。我将很乐意有机会与您探讨数据存储、云管理和数据中心工程事宜。我们能面谈吗？

此致

敬礼！

（555）555-1234

会计主管

收件人：
发件人：
抄送人：
邮件标题：会计主管职位空缺

尊敬的（姓名）：

我写信来是为了表达我对（插入看到的地方）发布的（职务）职位的兴趣。我有14年财务管理、运营和投资分析的工作经验。作为一名注册会计师，我还对通用会计准则具有丰富的知识和实际操作经验。我擅长分析且对商业规则有很强的把控能力，我有信心能作为您财务管理团队的一员并将做出重大的贡献。

在我的职业生涯中，我对各项会计和管理职能始终保持着最高的绩效标准。我曾为提高组织绩效进行运营分析并实施有效的系统和策略，这些都有据可查。我的背景还包括负责一家市值数十亿美元的保险控股公司的所有会计监管。

我以多种方式创造价值：

- 为向管理层做财务汇报而记录每日投资活动并计算股票损益。
- 在一个新职位上任三个月内将部门收入提升40%。
- 合理安排财务和会计业务操作流程，其结果是节省了成本并提高了效率。
- 通过实施一项新的业务管理系统，把应收账款回收率提高了300%。
- 通过解决一项六年悬而未决的销售税审计业务，节省4万美元净值。
- 建立会计准则和程序以确保及时、准确地提交财务报表。

我将很乐意有机会与您探讨我能如何为贵公司的财务管理团队做出类似的贡献。

此致

敬礼！

（555）555-1234

分销经理

收件人：
发件人：
抄送人：
邮件标题：具有航空航天领域18年工作经验的分销经理
推荐：分销经理招聘启事

尊敬的（姓名）：

您正在寻找一位经验丰富且具有上进心的分销经理。而我在洛克希德·马丁（Lockheed Martin）公司*的分销管理岗位上工作了18年，其中担任分销经理6年时间。

我在工作中希望突破创新，并总是寻找能够提高生产率和准确性的方法。在我目前的职位上，我找到了减少停工期和资源浪费的办法以及提升生产率的方法。我的绩效评估提到我具有"良好的出勤率和可靠度"，并称赞我"工作可靠，上进心强"。

在我的职业生涯中，我显示出对公司的忠诚、投入以及良好的职业操守。如果您需要一位能够积极投入工作的分销经理，我有信心作为一名正处于职业生涯顶峰的专业人士，使您感到与我会面是值得的。随附我的简历。

此致

敬礼！

（555）555-1234

---

* 洛克希德·马丁公司是世界上最大的航天制造公司之一。——译者注

工程师

收件人：
发件人：
抄送人：
邮件标题：

尊敬的（姓名）：

我想应聘贵公司在（插入看到招聘启事的地方）的招聘启事中招聘质量工程师一职。我相信以我最近获得的生物医学工程硕士学位以及我的经历，我具有一系列出众的符合该职位的资格。

由于曾担任研究助理一职且目前的工作是实验室技术员，我曾成功确保公司的品质保证规章制度与职业安全和健康管理局的规章制度相一致。在提供技术支持时，我的优点之一就是，把每一个顾客都看作值得获得优质服务和响应的重要客户。

我的技能包括：

- 扎实的统计、研究和数据分析技能。
- 撰写技术管理系统报告。
- 具备质量体系审核经验。
- 以最低成本为医疗设备排除故障并更换零件。
- 通过提供快速有效的解决方案保证客户满意度。

我为新晋员工提供指导和培训，帮助他们成为团队中高效且快速融入的一员。我致力于尽我所能促进跨部门团队之间的合作。我还具有优秀的项目管理、演示和组织技能。

我将很乐意有机会探讨这些技能如何能够满足贵公司的需要。请见附件中我的简历供您查阅。期待得到您的回复，以在您方便的时间安排一次面试。

此致

敬礼！

（555）555-1234

工程管理

收件人：
发件人：
抄送人：
邮件标题：工程管理，20项专利

尊敬的（姓名）：

我对生产工艺和六西格玛管理具有丰富的经验，并且获得了超过20项专利权。我很少换工作，但目前正在寻找一个强大工程团队的新归宿。我有超过15年的工程管理经验，我的优势在于设计、创新、业务策略和工艺流程改进。

我的职业目标始终都是推动创新和流程改进方案，以持续实现战略目标。我的业绩记录清晰地表明了我作为一名工程经理和决策者所具有的能力，清晰的洞察力且注重效率、生产率，能为系统改进进行创新。

作为一名工程经理，我在很多方面创造出了价值，包括：

- 以创新性的设计解决方案和强化功能满足客户需求。
- 开发可申请专利的技术，这些技术能为公司提供可营利性的解决方案，并形成具有技术和战略优势的知识产权所有权。
- 实施产品和工艺改进，以便进行成本优化和生产能力设计（DFM），持续达到或超越年度降耗目标。
- 在创新与发明过程中培养、训练并指导工程师们，培育新生代的技术发明者。

由于具有工程和运营方面的丰富经验与知识，我相信我会对贵公司的团队做出有价值的贡献，并协助带领公司获取更大成功。附上我的简历以便为您提供更多信息。我们可以谈谈吗？

此致

敬礼！

（你的姓名）

（你的电话号码）

传播与营销

收件人：
发件人：
抄送人：
邮件标题：传播与营销专业职位

尊敬的（姓名）：

贵公司在（看到招聘启事的地方）发布的招聘传播与营销职位的工作机会正好符合我在计划、开发和执行能促进组织与媒体以及公众之间沟通的策略方面的能力。

我在开发和执行明确的传播策略以提升品牌知名度并产生流量和阅读量方面具有深厚的经验。以往的业绩记录能够证明我在支持内部和外部传播方案产生良好反响方面的能力。

我喜欢为复杂的问题找到解决方案，而且我相信我能帮助（公司名称）贵公司应对在最近的招聘启事中概述的挑战。随附的简历虽然很全面详尽，但是无法完全说明我的工作专注度、驱动力和一贯性。期待得到您的回复，并希望很快能与您面谈。谢谢！

此致
敬礼！

（555）555-1234

组织发展分析员

收件人：
发件人：
抄送人：
邮件标题：组织发展分析员

尊敬的（姓名）：

我写信来是为了表达对贵公司（插入看到招聘启事的地方）的组织发展分析员一职的兴趣。我具有五年组织发展方面的工作经验，为实现公司的组织目标而总结有效经验，制订绩效提高计划。

我曾在一家财富 1000 强公司及一家消费品行业的创业企业工作过，为其开发并设计培训和组织发展计划。我的工作重点包括制订员工学习发展计划、组织发展计划以及绩效管理。

作为一名员工学习与组织发展经理，我以多种方式为组织创造价值：

- 进行需求评估并找出绩效不理想的原因。
- 计划、设计并执行组织发展培训项目。
- 不断改进已有的培训项目。
- 开发测量和评估工具以评估项目的效率与效益。

我有与组织内部各层级人员以及客户打交道的经验。附上我的简历，以便为我的以往工作经历和才能提供更多信息。我将很乐意有机会与您探讨员工学习和组织发展计划。希望我们很快能够交谈。

此致

敬礼！

（你的姓名）

（你的电话号码）

产品营销经理

收件人：
发件人：
抄送人：
邮件标题：产品营销经理职位/AMAQRT45

尊敬的（姓名）：

作为一位会说多种语言、适应多种文化的营销专业人士和一名以身作则的团队领导者，我具有产品和项目管理经验以及制定指标和与供应商谈判合约的经验。

我致力于为公司和客户都获得高质量结果并执行成功的推广活动。另外，我具有使客户需求与业务要求相结合的分析经验，以及培养支持双方持续增长的战略性伙伴关系的能力。我的具体能力包括：

- 作为枢纽协调制造、营销、销售部门和客户之间的关系，并改善客户响应时间、利润、下单率和客户满意度。
- 为科技类产品改进产品定价系统，使报价时间缩短134%，产品销售年利润增长230万美元。
- 计划并管理库存管理的物流、利润率提升和利润指标，以协助公司实现目标。
- 开发定价策略，监控市场动向，并在必要时提出工作方向调整建议。
- 分析损益表以确保实现利润目标和营收指标。
- 运用我的数据库管理专长为全球产品线定价，并追踪交易和公司间业务情况。
- 协调并维护对全球性交叉竞争信息的所有需求。

我将很乐意有机会探讨我如何能为您的团队做出类似贡献。真心希望我们很快能交谈，谢谢！

此致

敬礼！

（你的姓名）

（你的电话号码）

高级会计

收件人：
发件人：
抄送人：
邮件标题：高级会计（56号高级会计招聘启事）

尊敬的（姓名）：

我写信来是为了表达我对贵公司网站发布的高级会计职位的兴趣。

我具备10年以上一般会计经验、行政管理经验以及扎实的分析能力，并始终在多项会计职能中维持最高绩效标准：

- 管理总分类账、银行对账单、应付账款、应收账款、资产负债表、预算表和预测表、财务报表和员工工资表。
- 为管理层编制财务分析报告，为销售和市场部门提供投标文件。
- 实施和执行会计标准以保证完整性和准确性。
- 协助管理层确定、设计并执行更加高效的工作流程。
- 协助各项管理职能，如工资发放和日常人力资源工作。

我能够将会计知识和商业判断相结合来帮助促进工作流程更加高效、准确。我与公司内各层级人员和供应商都能有效沟通，真心热爱并尊重我的工作，在团队合作和独立工作的环境中都能高效完成工作。如果您需要一位能快速成为您会计团队中高效且忠诚的一员的会计，那么我将很乐意有机会与您面谈。随附我的简历，我的签名下也附有电话号码。

此致

敬礼！

（555）555-1234

科技公关人员

收件人：
发件人：
抄送人：
邮件标题：科技公关

尊敬的（姓名）：

作为一名在科技行业工作了15年的高科技公关专业人士，我具备贵公司所需要的娴熟技能和驱动力。我的具体经历包括：

战略顾问

我是为公司以及高级管理层创造、执行并传达信息和发布策略的主要负责人。因此多年以来，我积累了很多不断复购的忠诚客户。

与重要媒体的高层保持密切关系

我持续与重要媒体建立并培育关系，了解以真诚、尊重、可靠和谨慎的态度维护这些关系的重要性。这使我能够在所有主要的电视台、广播电台、报纸杂志和电子媒体通道发布精心编制的信息。

训练团队和客户服务人员

多年来，我认识到只有出色的领导者才能带出出色的团队，而加入强大的团队才能取得更大的成功。我以身作则，信奉正面强化与认同的力量，并促使团队成员重视客户的目标。

随附的简历将使您进一步了解我的能力。我相信一次会面将使您了解到我在高科技公关方面的专长会为您的团队助力。期待很快能与您面谈。

顺颂商祺。

（555）555-1234

直接联系一家公司

从市场营销到金融的职业转换

收件人：
发件人：
抄送人：
邮件标题：金融领域会计经理/会计总监/会计主管/财务主管

尊敬的（姓名）：

我在金融服务市场营销方面具有10年的成功经验，并且两个月后即将获得注册会计师证书。由于能将这些独特的技能和认知相结合，我现在希望转向像会计经理、会计主管或财务主管这样一个更偏向于金融管理的职位。

作为一名金融服务客户经理，我了解很多不同的行业，而且在市场营销方面的洞察力对任何一个正在寻找这些职位人选的公司来说都是一个额外的收获。

我了解如何创造、维持以及有效运用营业收入，尤其是对于金融服务公司，这使我在所选择的职业道路上建立起非常特殊的参照准则。作为招聘主管，我肯定您会欣赏这一点的。

随附的简历将详述我与众不同的优秀背景，我将很感激您提出宝贵意见。我可以接受面试，我的电话是（555）555-1234。若您在寻找其他与此相关职位的人选，也请把我当作候选人加以考虑。

本人敬上。

（555）555-1234

职业转换到教育行业

收件人：
发件人：
抄送人：
邮件标题：会说日语的英语教师

尊敬的（姓名）：

在这封信中，我想向您介绍我自己，并表达我在日本教授英语课程的真诚愿望。我曾担任中学代课教师，这让我了解了与学生沟通的方法，并能在课堂上应对自如。

我努力与学生建立良好关系，促进课堂活动的开展并启发学习者。这些都让我真正享受其中。

__________网站鼓励"所有外向、有活力、有灵活性的人申请此职位"。我目前在夏威夷之翼航空公司（Hawaii Wings Airlines）做空乘人员，每天都被要求表现出这些特质。在一架装满乘客的机舱里工作，沟通能力和快速思考能力是必须具备的。在客户服务领域、与同事的交流中以及进行工作日程安排时，灵活性特别重要。

我真诚希望应聘该职位。我能用日语进行日常交流，并期待有可能与您探讨这个工作机会。我将很乐意接受电话面试或视频会议面试。附上我的简历供您参考。

顺颂商祺。

（555）555-1234

职业转换到铁路行业

收件人：
发件人：
抄送人：
邮件标题：交通行业20年经验

尊敬的（姓名）：

我具有20年交通行业的工作经验，目前正在寻找有助于实现我在铁路行业长期工作目标的工作机会。

随附一份简历向您简要概括我的相关资历。我相信一些重要技能让我成为贵公司铁路线路职位的一位有实力的候选人，其中包括：

- 曾担任设备操作员和卡车司机的重要经验。
- 为纽约州交通部做调度的经验。
- 天资聪颖，乐于学习新业务。
- 乐意并享受户外工作，无论在何种天气情况下。
- 在工作中特别关注细节和准确性。
- 富有责任感并致力于成为持续超出预期的员工。

我了解铁路行业的构成并且非常愿意接受初级职位（以及随之而来的所有挑战），以便获得能够进入铁路行业的机会。我将很高兴与您面谈，讨论我如何能符合贵公司的需要。期待很快能与您交谈，请给我发邮件或拨打（555）555-1234。

此致

敬礼！

（555）555-1234

首席财务官

收件人：

发件人：

抄送人：

邮件标题：首席财务官（CFO），负责全球业务并向董事会汇报

尊敬的（姓名）：

作为一名首席财务官，我以为全球化公司做战略性业务和财务规划而享有盛誉。勇于挑战，利用机会以扩大收入增长，减少运营成本以及改进总体生产率的能力，一直都是我最强有力的资本。

我在财务和会计管理方面的优势以及我对财务运作的深入理解为我的职业生涯和成为一名成功的领导者贡献良多。我保持着自信、可靠以及与同事共同完成工作的作风。我与下属、合作者、行政管理团和董事会建立融洽关系的能力也同样突出。

我的目标是获得首席财务官或副总裁的职位，并追求在一家能够提供全新的、激动人心的挑战的公司里工作的新机会。全面了解我的专长和以往经历非常重要。正如您将在我的简历中看到的，我为我的雇主做出了重大贡献，并非常认真地对待我的工作。

我将在下周联系您，探讨我们是否可以确定一个面试的日期。期待很快能与您面谈，随附我的简历供您查阅。谢谢！

顺颂商祺。

（555）555-1234

合规项目分析师

收件人：
发件人：
抄送人：
邮件标题：合规项目分析师

尊敬的（姓名）：

我希望成为贵公司下一位合规项目分析师。我的资历包括：

- 五年金融服务行业经验，最近一份工作是在＿＿＿＿＿银行当抵押权变更代理人。
- 擅长项目管理、商业文件写作以及抵押权托管记录管理。
- 对美国银行业和按揭贷款规则有深入了解。
- 抵押服务认证和精益六西格玛－绿带*（Lean Six Sigma-Green Belt）认证。

简而言之，我是一名商业流程分析师和高效的交易代理人，乐于接受严峻的挑战。工作专注，善于分析，能在持续工作中保持活力，具备就遵循法规的变革方案与人达成共识的能力，以及不达目的不罢休的毅力。我能够界定工作范围、监控工作过程并开启沟通以确保有效执行必要措施。

我相信我所具备的领导素质、法规遵从性知识以及商业文件撰写技能是您寻找的。附上我的简历供您评估。

此致
敬礼！

（555）555-1234

* 精益六西格玛－绿带：精益六西格玛以倡导者、大黑带、黑带和绿带等体系建立人力资源架构。绿带是黑带团队成员，他们一般是较小团队的负责人，熟悉常用的六西格玛管理方法和技能。——编者注

信贷 – 收款

收件人：
发件人：
抄送人：
邮件标题：应收账款职位申请

尊敬的（姓名）：

我从事应收账款管理工作已经18年有余，并且参与收款的全部过程环节，解决付款问题并处理逾期账款的收款。我的工作经历包括但不局限于贸易、汽车和制造行业。

我注重通过迅速明确应收账款中出现的问题并制定出确保问题解决的方案策略，来达成预期结果并提供优质服务。我的具有很强的与客户建立融洽关系、分析账目并处理职位和职责领域相关的所有事务的能力。

由于某些无法控制的情况，我不能继续在一家知名汽车行业领先企业中作为现金应用分析师工作了。我想在一家知名公司找到一份应收账款和信用收款方面的工作。

附上的简历详细说明了我的技能、经历以及我为雇主做出的贡献。期待很快能与您交谈，并回答您对我的以往经历可能提出的问题。下周我会与您联系。

顺颂商祺。

（555）555-1234

在销售行业内转换工作方向

收件人：
发件人：
抄送人：
邮件标题：B2B 销售人员

尊敬的（姓名）：

5 年的招聘主管工作经验让我知道您每天能收到多少份简历。我也记得其中总能发现一些非常有价值的内容。

我的经历、技能和才智体现在销售和销售管理的各个方面。由于找工作的过程是唯一一个人作为产品可以做出反馈的销售领域，我相信我的技能将很容易应用于这个不那么复杂的销售情境中。我的调研结果显示您专长于这一广泛的销售和市场营销领域。

附上的简历突出了我的技能以及我为什么适合这个职位。如有机会与您会面并交流想法，我将不胜感激。我将在接下来的几天内致电给您约定见面时间。如果您愿意的话，那么您也可以发邮件或在晚上拨打（555）555-1234 联系我。

非常感谢。期待与您交谈。

此致

敬礼！

（555）555-1234

健康部门负责人

收件人：
发件人：
抄送人：
邮件标题：健康部门负责人

尊敬的（姓名）：

如果您有兴趣显著提升贵公司的业绩和盈利，我正是一位有20年经验且注重绩效的健康部门负责人，曾领导过促进总体医疗保健服务、医护质量、合理价格和利润率的创新性项目。目前在__________公司健康监督部部长的职位上，我主导了两项《平价医疗法案》（Affordable Care Act）授权项目的设计与实施。我的其他成就包括：

- 促使遍及全国的医疗保险和医疗补助服务中心（CMS）各分部之间的沟通改善，协助明确并解决医疗保险D部分处方药计划（Part D）* 实施中遇到的问题。
- 加速四项处方药计划（PDP）的受益人登记增长，并获得现场现金奖、管理者成就奖以及特别成就奖。
- 与全国八个医疗保险和医疗补助服务中心所在区域的合作者沟通，为两个医疗保险和医疗补助项目提供战略质量评估。
- 确立监督家庭医疗服务的160万美元的合约，并起到提升医护质量的政府工作榜样（Government Task Lead）的作用。

我有能力为复杂的业务问题构思出巧妙的解决方案，现在也已经准备好在一个能够发挥我独特技能和学识、创造直接价值和长期解决方案的竞技场中接受新的挑战。期待得到您的回复（我的电话号码就在我的签名之下），并更好地了解您的计划、需要和目标以及我如何能为实现这些目标做出贡献。

此致

敬礼！

（你的姓名）

（你的电话号码）

* Part D 和下文的 PDP 都是美国联邦医疗保险的一部分，为受益人提供处方药补助。——译者注

初级员工

收件人：
发件人：
抄送人：
邮件标题：初级博物馆管理人员

尊敬的（姓名）：

我做一名合格的展览讲解员和博物馆志愿者已有四年多时间了，志愿者工作内容涉及与公众进行广泛接触。我热衷于在博物馆相关工作中获得职业发展，并专注于在博物馆内进行教育活动。

我有良好的学术教育背景，拥有哲学学士学位并辅修传播学，还坚持完成了持续的职业发展课程，以进一步加强我在展览讲解方面的知识和资质。我在闲暇时间会定期查看博物馆里的巡回展览，在博物馆环境中培养我的表达能力和教学能力。

我认为我在以下方面能够为您创造价值：

- 沟通技能：通过讲解展品并使用能提高学习体验的互动性材料来激发并教育访客。
- 人际交往技能：与各年龄段和各种文化背景的访客融洽相处。
- 工作热忱：了解更多有关博物馆展览、藏品、项目、参观线路和活动的知识。
- 工作态度：制造一种友好的氛围，吸引并激励访客参与博物馆的活动，还能加强我们与社区的联系。
- 总是积极参与社区推广活动。

我值得信赖，十分可靠，特别以我的工作为荣。随附我的简历，我很乐意有机会与您探讨任何能用到这些技能的职位，并期待收到您的回复，谢谢！

此致

敬礼！

（555）555-1234

初级媒体制作人员

收件人：
发件人：
抄送人：
邮件标题：初级媒体制作人员

尊敬的（姓名）：

您需要一位锲而不舍、奋发努力的制作助理吗？完成课程学习后，我将在12月于__________获得新闻专业学士学位，但我渴望现在就开始工作。我在上学期间就打过两份工，并用三年时间完成学业，获得学位。我将以同样的热忱、诚信和干劲来追求我的职业目标。

“我认为，__________女士的作品在我教过的学生中能排在前10%，她不惧处理棘手的项目，我相信她有迅速做出积极贡献的能力。”

__________学院传播系主任 ××× 博士

“__________是一名新闻专业的模范学生，她对交给她的任务认真负责，并能以完美的方式完成任务。我很赞赏她如火的热情和对细节的关注。”

__________学院电视技术运营副导演 ×××

我具有在媒体行业工作的天分，并了解这个行业多么艰辛。但和大多数人不一样的是，对于辛劳的工作、紧张的工作日程以及随时到岗的行业要求，我都乐意付出“代价”。

我渴望更多地了解贵公司所面临的挑战，并探讨我能做出哪些努力。请查看我随附的简历，非常感谢您的考虑。

顺颂商祺。

（555）555-1234

初级医药销售人员

收件人：
发件人：
抄送人：
邮件标题：初级医药销售人员

尊敬的（姓名）：

由于贵公司是行业中最受尊敬的医药公司之一，我非常渴望作为一名医药销售代表为您的团队做出贡献。

作为一名刚毕业的市场营销专业学生，我的工作经验十分有限。但是，我相信您将看到我表现出的才智、常识、主动性、成熟和稳定性。我还想让您关注以下三个有关方面：

- 作为一名医生的女儿、护士的姐妹以及外科医生的表亲，我一辈子都在和医药行业打交道，这使得我与大多数候选人相比，更了解医疗保健方面的背景知识和专业术语。
- 这样的经历也让我更加理解医生思考、评估以及做出决定的方式。例如，我知道在这个行业中要想成功达成销售，产品演示必须适时进行，且简明扼要、细致周到。
- 在过去的 18 个月中，由于决心要加入医药行业，我从我的家族成员那里得到了广泛的指导。

我相信您会因我对销售过程的把控而印象深刻，并会因我对目标客户人群的深刻理解而感到惊喜。

请您在查阅附件简历后，发电子邮件给我或拨打（555）555-1234 联系我安排一次面试。期待与您探讨我的资质能如何满足您的人员需求并为贵公司的重要使命做出贡献。

此致
敬礼！

（555）555-1234

环境健康与安全主任

收件人：
发件人：
抄送人：
邮件标题：控制环境健康与安全成本

尊敬的（姓名）：

我是一个经验丰富的环境健康与安全主任，在石油和天然气行业具有丰富知识和实践经验。我十分了解职业安全与健康管理局、环境保护署和交通运输部的政策和法规，并具有良好的学术教育背景以及在军队工作的丰富经验。作为一名经过各类培训的多面型安全专业人士，我把环境健康与安全部门看作一个成本控制中心，同时还会对社会关系和公司公关有所贡献。

通过给员工培训最新的相关法规，尽量减少工作场所的事故以及环境诉讼，我为公司节约了大笔资金。我相信事故是可以避免的，而避免再次发生事故最重要的就是找出根本原因，这也是我工作中不可分割的一部分。

作为一个环境健康与安全主任，我以多种方式创造价值，其中包括：

- 制定针对安全记录不良的供应商的承包商管理流程，以协助改进安全培训与实践。
- 建立空气质量部门以签发空气质量许可，收集排放物数据并准备州政府和联邦政府所要求的报告。
- 启动系统来调查涉及环境和安全问题的潜在房地产购买业务。

我实实在在地为雇主提升了安全水平，减少了工伤并协助公司在降低风险的同时提高赢利能力。我以建立起一种安全文化为荣，具备有助于劝说管理层采取环境健康与安全分析和程序的领导者气质。我具有优秀的职业道德以及评估环境健康与安全政策能带来哪些财务利益的能力。

我很乐意有机会能与您探讨我能如何为您的环境健康与安全团队做出类似贡献。我的简历和电话号码附在我的签名下边。期待得到您的回复。

此致

敬礼！

（你的姓名、电话号码）

财务报告项目管理

收件人：
发件人：
抄送人：
邮件标题：财务报告项目管理

尊敬的（姓名）：

我是一名在财务报告分析、大型项目管理和员工监督方面有经验的资深项目经理。我与高级管理者以及跨职能领导者建立融洽关系的能力，使我能快速制作出数据分析决策并保持项目如期运行所需的财务报告。

我擅长制作项目报表，向高级管理层做汇报并协助会议顺利进行。我具备培训、培养并评估员工以及协调跨职能团队和虚拟团队的经验。我是一个积极的问题解决者，有能力进行沟通，并把复杂的数据以简洁明了的方式进行分解。

我还具有丰富的商业文件和说明性文件的撰写经验，包括撰写招标书分析和评分、库存消耗计划，并在信息技术系统和软件集成等设备和基础设施支持方面有些心得。

我的项目管理经验包括：需求确认、业务开发、项目控制、变化管理、风险评估、资源分配、供应商和分包商关系管理、库存管理、物流、采购、发票、许可、保险范围、硬件和软件安装、团队管理、纠纷解决、设计和实施业务系统改进以及国际设施建设等。

有关以上内容的详细信息请见我附上的简历。我很乐意能有机会与您探讨我在制订行动计划、安排日程、项目计划以及监督专职人员和技术人员方面的经验如何能为贵公司服务。我们能否安排一次会面？

此致

敬礼！

（555）555-1234

法律总顾问

收件人：
发件人：
抄送人：
邮件标题：有经验的拉美区域法律总顾问

尊敬的（姓名）：

在担任一家巴西顶级律师事务所的管理合伙人10年后，我目前正在寻找能在一家在拉美地区有金融业务的美国公司里担任法律总顾问的工作机会。我对拉美地区的贸易有深入了解，精通英语和葡萄牙语，并能在实际工作中运用西班牙语。

我的资历包括：

- 为公司管理层提供全球商业运营和发展方面的合理化法律建议。
- 擅长大型电子商务、税收、能源和基础设施项目。
- 具有海外投资、收购兼并、合资企业以及重组的经验。
- 精通合同谈判与管理、纠纷调解、仲裁和诉讼。
- 专业于战略规划，具有分析财务数据、界定问题的能力，并能提供有针对性的、可行的建议以获得关键任务成功。

附上我的简历，我渴望在一家美国公司再次实现并超越以往的成就。我能否获得一次面试来探讨这种可能性？我的电话号码就在我的签名下边。

此致

敬礼！

（555）555-1234

医疗保健系统管理

收件人：
发件人：
抄送人：
邮件标题：医疗保健系统管理

尊敬的（姓名）：

我最擅长的就是提出能够提升系统性能、减少运营成本并提高赢利能力的技术方案。

我具有 15 年工作经验，为地区性医院和保健机构提供先进的技术解决方案，并在大规模技术转换和集成项目中领导技术精湛的信息技术专业人员工作。在过去 7 年中，我在__________担任技术总监，在那里我为化解技术和业务优先事项之间的隔阂提供战略性的信息技术指导。

多年来，我认识到，实施和支持一项技术的信息技术团队将决定一个项目能走多远。除了不断在专业上精进，成功还源自互相尊重的沟通，激励员工每天都能全力以赴，并进行团队协作。我的资历包括：工商管理硕士（MBA）和管理信息系统专业学士，以及精益六西格玛和变革管理认证。

让我们确定一个会面时间，探讨我的领导力、技术和管理技能如何能最好地为贵公司服务。我的简历和电话号码就在我的签名下边。我们能否详谈？

此致

敬礼！

（你的姓名）

（你的电话号码）

内部销售

收件人：
发件人：
抄送人：
邮件标题：电话销售

尊敬的（姓名）：

我大学刚毕业就做了第一份销售管理工作，经营一家海滩酒吧。我的竞争对手犹如雨后春笋一般不停地从各处冒出来，它们的营业方式可谓五花八门，试图抢走所有的顾客，然后过了6个月就关门大吉了。但是在那6个月，它们可是要抢走我的所有顾客呀！

这些都是严峻的挑战，我采取了我能运用的最佳战略战术进行应对——提供免费游泳池、为女士提供免费果味饮料、为男士提供免费电视体育比赛，甚至提供了免费啤酒。

如今，我仍然是当年那个跃跃欲试、野心勃勃的销售专业人士。当然……现在我不会再提供免费啤酒了，但我仍然会以所有的竞争力、创造力和对顾客发自内心的关注应对销售挑战。在上一个销售职位上，我相当成功地进行了度假方案的电话营销，原因如下：

- 我确定了适当的目标客户。
- 我很了解产品以及客户接受的动因。
- 我思维敏捷，反应迅速。
- 我很真诚，天生具有亲和力。

我附上简历的目的在于希望与您详谈如何使我在销售业务、解决问题和客户服务方面的技能为贵公司所用。我们何时可以会面？附上我的简历供您查阅。

此致

敬礼！

你的名字

内部晋升

收件人：
发件人：
抄送人：
邮件标题：校园图书馆馆长编号 1826

尊敬的（姓名）：

我想应聘您的招聘启事中校园图书馆馆长一职。我很荣幸通过图书馆的信息服务台与在校学生共事了好几年。我在本校积累了超过 15 年的工作经验，且工作职责不断增加，成为您的图书馆馆长对我来说再合适不过。我将非常高兴有机会确保我们的学生通过各种方式（在网上、校内或校外）都能获得出色的图书馆服务。

我相信我是这个职位的最佳人选，因为我具有如下资历：

您的要求	我的资历
▪ 10 年逐步提升的专业能力并具有相关领域的技术经验。	▪ 15 年图书馆工作经历，在创新型、客户导向型环境中的职责范围不断扩大。
▪ 领导力和主管经验。	▪ 在高流量的学术图书馆环境中具有 7 年管理员工的成功经验以及激发员工建立共同愿景的能力。
▪ 获得美国图书馆学会（ALA）认证的图书馆和信息科学专业的硕士学位。	▪ 具有图书馆和信息科学专业硕士学位（MLS），并接受了领导力和技术方面的在职教育。

除了这些以外，我对这里的图书馆、员工、顾客和供应商也有所了解。我很乐意有机会会见您的甄选团队，探讨您对这个新的图书馆馆长有哪些期望。期待很快接到您的电子邮件或电话，附上我的简历供您参考。谢谢！

此致

敬礼！

（555）555-1234

附件：简历

国际关系实习生

收件人：
发件人：
抄送人：
邮件标题：国际关系实习生

尊敬的（姓名）：

我希望能成为一名实习生人选。目前我是__________大学国际研究专业（拉美区域方向）的大四学生，同时辅修政治学和西班牙语。

我以前做实习生的经历为我积累了国际关系方面的经验，并使我能在职场中应用所学到的知识。我对我的学业和未来的职业都很认真，渴望通过实习经历尽可能多学一些。

我的推荐人将向您证实我有能力和积极性去处理任何任务，无论任务是轻松的还是复杂的。作为一个具有高度积极性的专业人员，我喜欢接受复杂任务的挑战。在应对这类挑战时，我娴熟的写作和沟通技能是有益的助力。

我很乐意有机会探讨我作为实习生如何能为贵公司做出贡献。请查阅我附上的简历，期待很快能与您交谈。

此致

敬礼！

（555）555-1234

信息技术战略系统

收件人：
发件人：
抄送人：
邮件标题：信息技术战略系统解决方案

尊敬的（姓名）：

我擅长的工作是领导技术项目、团队和组织以支持战略性业务目标。我所拥有的国际商务专业工商管理硕士学位和12年信息技术项目管理经验能够证明这点。目前，我在一家年收入达450万美元的公司里担任信息技术战略系统开发总监一职。以下是能说明我所具备能力的两项信息技术转型举措：

- 通过与亚马逊公司协作制订一项符合外设部件互连（PCI）标准的云迁移计划，节省了70%花费，并显著减少了信息技术部门员工用于维护服务器硬件的工作时长。
- 通过设计和实施一项为__________投机业务定制的计划增加了30%收入，并使得公司赢得__________客户。

当然，只有拥有优秀的技术人员能够做出设计、实施以及支持性工作，才有高质量的技术服务。我的领导非常认可我建立凝聚力强且业绩突出的团队的能力。我曾成功地管理分散于各地的工程师、管理员和分析师（包括承包商、外部合作者以及境外资源）团队，并完成了技术整合和项目转化的各阶段工作。

目前，我在寻求主管级技术管理职位，在这样的职位上，我能通过引入新技术、升级已有资源、为市场带入前沿产品和服务以及发挥出强大且可持续的竞争优势来改善公司的运营，为公司带来盈利。

我们可否详谈？我的电话号码就在我的签名下边。

此致

敬礼！

（555）555-1234

诉讼律师

收件人：

发件人：

抄送人：

邮件标题：诉讼律师

尊敬的（姓名）：

您是否在寻找一位具有出色沟通能力和客户管理能力的商业诉讼律师？我是一位积极性极高的诉讼律师，所具备的坚强意志和分析能力正是您所期待的。我正在积极寻找一个能够在工作中运用我的经验并承担更广泛职责的职位。

我具有以下方面的优势：

- 美国纽约州和新泽西州的双重执业许可。
- 敏锐的商业头脑和10年法律行业从业经验。
  - 5年律师助理以及5年律师从业经验。
  - 专攻产品责任、恶意侵权、集体诉讼、欺诈和不正当经营类案件。
- 口头辩论、谈判、调解和诉讼技能。
- 调研、归档以及法律审查技能。
- 出色的客户关系管理能力。

我很仰慕您的律师事务所，并很乐意接受面试；附上我的简历，希望您看后能致电给我。

此致

敬礼！

（555）555-1234

托管式护理协调员

收件人：
发件人：
抄送人：
邮件标题：托管式护理协调员

尊敬的（姓名）：

作为一名近期获得卫生管理专业硕士学位的毕业生，我正在寻找一个托管式护理协调员的职位。我具有三年保健行业的知识和经验，以及促进医疗保健服务和护理质量改进的强烈愿望。

我目前在__________公司担任客户服务代表，通过辅助福利、单据和付款方面的工作为__________成员和__________医疗补助成员提供支持。

我除了具有出色的客户服务技能外，还在__________医学院当过实习生，那里的工作要求我对最畅销的肿瘤药物进行调研并据此改进药品报销服务，这使我积累了托管式护理方面的知识和经验。

我还取得了以下成绩：

- 获得 93% 的客户服务满意度评价，超越所有质量目标。
- 在医疗保险和医疗补助法规方面积累了丰富的知识。

现在我已经准备好接受新的挑战，以期运用我的技能和知识迅速创造价值和长期效益。我的简历和电话号码附在签名下边。期待近期得到您有关面试安排的回复。

此致
敬礼！

（你的姓名）
（你的电话号码）

销售

收件人：
发件人：
抄送人：
邮件标题：销售职位

尊敬的（姓名）：

我写信来是为了表达我对贵公司网站上发布的销售助理一职的兴趣。我具有三年零售品销售工作经验以及服装工艺专业学位的综合背景。

我从事过为销售团队进行组织支持以及财务研究与分析方面的工作，我对销售活动和产品植入式广告也有经验。

具体来说，我出色地完成了以下事项：

- 与跨部门团队共事，了解在支持销售目标中如何协调跨部门活动。
- 每周及每月出具销售报告。
- 与采购员协作，协助选择商品并为全年最大规模的零售品销售活动进行采购，最终超额完成销售目标。
- 进行店铺访问，以确保季节性计划得到实施与执行。
- 改造文具类商品，引入新产品以符合客户的购买趋势，并提升文具类商品的销售额。
- 推出新的服务改进措施，为交叉销售制造机会，并充分利用现有基础设施，实现营业收入增长 200%。
- 与销售和运营主管合作，协调计划并推出新产品。

这些技能以及我的经历看上去正好符合您的需要，我很乐意有机会探讨我如何能成为您团队中富有成效的一员。真诚希望很快能与您交谈，谢谢！

此致

敬礼！

（你的姓名）

（你的电话号码）

初级销售员工

收件人：
发件人：
抄送人：
邮件标题：零售品销售

尊敬的（姓名）：

我一直对时尚抱有热情，并且搬家到纽约来实现这个追求。我满怀热忱地来应聘最近在（你找到招聘启事的地方）发布的（职位名称）实习生一职。

我是一名会说多种语言、具有多元文化背景的职业人士，并从上一份实习经历中积累了设计—制作—上市整个过程的工作经验。我还有精品店设计和室内装饰的经验，以及从家族业务和所受到的熏陶中获得的纺织品及其应用方面的良好基础。

作为一名职场人士，我总是努力创造价值，在至今的工作经历中，我曾经出色地完成了以下事项：

- 安排广告、营销内容，并发布战略性广告以吸引预期目标市场。
- 安排客户预约，管理各项记录，与供应商谈判，并提供优质的客户服务。

我对追求一个时尚行业中的职位有强烈的兴趣，并且相信我具备作为一名实习生不断履行职责的能力和积极性。我将很乐意获得个人面试的机会，谢谢！。

此致

敬礼！

（555）555-1234

军队转业

收件人：
发件人：
抄送人：
邮件标题：注册护士（RN），急诊 / 术后护理 / 内科 / 传染病 / 肿瘤 / 临终 / 危险期

尊敬的（姓名）：

我将于 2011 年 4 月结束在军队的服役，目前正在寻找一个文职职位，能够利用我作为美国海军注册护士已有的经验和参与过的培训。我相信我的临床经验以及我在应急响应和危机处理方面接受的专业训练将使我成为您护士团队中有价值的一员。出于这种想法，我附上一份概述了我的资质的简历供您查阅。

一些重要的资质包括以下方面：

- 护理各类病患（从婴儿到老人）包括术后护理、内科、传染病、肿瘤以及临终病例。
- 与各种文化背景的人建立起融洽的关系，包括在医疗机构和社会环境中。我打过交道的病患跨越各个种族和社会经济阶层，从应征人员到舰队司令及其家属。
- 完成培训并参加实地训练，让我能够在平民社区救灾。

我相信我对护理病人的投入度以及成为治疗团队不可或缺的一员的愿望，将使我对您的病人的健康和幸福做出重大贡献。

请致电或发邮件联系我，探讨我如何能在临床护士职位上满足您的需要。期待很快与您交谈，谢谢！

此致

敬礼！

（555）555-1234

军队转业过渡

收件人：
发件人：
抄送人：
邮件标题：系统管理员/人际交往技能/军队背景

尊敬的（姓名）：

如果您正在寻找一位技术精湛并具有真实人际交往技能的系统管理员，那么我们绝对应该谈一下。系统管理员面临的所有挑战，我都经历过，在枪林弹雨中完成过，并能处理所交付的各项任务，这是我在军队里培养的素质。

我拥有丰富的技术能力和经验。我熟练操作Windows NT系统。实际上，我目前正在申请获得微软认证系统工程师资格。我的计划是，在两个月后离开军队时获得这一认证，那时我将能够带着这项附加专长进入新公司。我随附的简历中说明了详细信息。

在一份简历中更难表现的是人际交往技能。作为一名支持性人员，我的工作是保证系统顺利运转，为终端用户服务，同时为用户提供培训。如果您对我进行背景调查，那么我的同事、主管、下属和终端用户将能够证明我的人际交往技能。

系统管理员需要一个团队与跨部门团队协同的努力。我作为一名团队成员和团队领袖都获得过表彰，有接手项目并使其顺利运行的真实业绩，不过这些成功都有赖于整个团队的共同努力。

如能在您方便时安排一次会面，我将不胜感激。期待近期能与您交谈。请查阅我附上的简历。

此致

敬礼！

（555）555-1234

医药销售管理

收件人：
发件人：
抄送人：
邮件标题：制药公司销售管理

我是一名技艺娴熟的销售专业人员，具有超过18年的医药销售工作经验，其中包括在全国性客户细分市场工作了10年。我对销售过程的各个环节都了如指掌，并荣获过无数奖项，由于超额完成销售任务和公司目标而不断获得晋升。作为一名与优秀的销售团队共事的且经验丰富的全国客户总监，我曾在过去8年连续获得全国绩效管理奖。

在目前__________公司全国客户总监的职位上，我制定了支持新产品发布的承包策略，并与医疗保险中介机构、商业纳税人、集团购买组织（GPOs）中的决策者以及肿瘤医学市场的重要意见领袖建立了关系。我还与科研和市场营销团队成员协作，在客户导向方面进行了战略性的设计。

我之所以能够逐步晋升到达目前的职位，是由于在完成销售任务和留住客户时具有解决问题的能力、坚持不懈的毅力、团队合作精神和丰富的资源。我天生具有优秀的谈判和演讲能力。此外，我在发现新的业务机会和达成交易方面非常在行，这有助于我为公司的发展做出重要贡献。

附上我的简历以提供有关我的资历的更多信息。相信以我在医疗保健市场的丰富经验和知识，我将为您的团队做出有价值的贡献。我将十分乐意约定一次个人会议，以便进一步探讨我的资历。我们能否见面进一步探讨您的需求？

此致

敬礼！

（你的姓名）

（你的电话号码）

采购

收件人：
发件人：
抄送人：
邮件标题：采购挑战

尊敬的（姓名）：

作为一名在制造和采购业工作超过20年的经验丰富的领导者，我深知发展中的企业需要具有多方面能力的领导者。我是一位亲力亲为的领导者，习惯于为我的员工树立成功典范。这种作风使我能够迅速融入任何企业文化，与各级员工打成一片。采用一种自下而上的视角还有助于让我发现作为一位传统的自上而下的领导者无法看到的转瞬即逝的机会。

在我的职业生涯中，我总能把业绩不佳的公司变成高速增长的赢利中心。我在__________工作期间，使生产率提升了25%，年总产量提升了500%，并促进关键质量指标改善了23%。这些成绩只是我将为贵公司带来的成功中的一小部分样例。

其他的成绩和突出优势包括：

- 牵头设计并实施与全球集中采购有关的公司业务流程。
- 为总额1.5亿美元的合约进行谈判，连续8年超过预算期望值。
- 通过创建新的采购策略并管理530个供应商的供应库，实现节省4 400万美元。
- 带领罗马尼亚分部在三个月内进行转变，实现生产量提升111%、生产率提升27%以及质量关键绩效指标（KPIs）提升25%。

希望您能从随附简历中进一步了解我取得的成绩。期待与您探讨贵公司未来的目标以及我能如何从中协助。

此致

敬礼！

（555）555-1234

出版社生产助理

收件人：
发件人：
抄送人：
邮件标题：出版社生产助理

尊敬的（姓名）：

为了在出版行业谋求工作机会，随附我的简历供您查阅。在过去两年中，我在个人助理、办公室流程和行政管理等各方面积累了宝贵的知识和经验。

最近我编辑了一本菜谱，并且负责编辑大学女生联谊会的内部刊物。我认为自己是一个不错的作者和酷爱阅读的人，总是梦想进入出版行业。

我具备充沛的精力、动力，并适应长时间的工作，我相信我能为贵公司做出积极的贡献。若有机会能尽早与您探讨我的资历，我将不胜感激。

期待与您会面，附上我的简历供您查阅。谢谢！

此致

敬礼！

（555）555-1234

项目管理

金·李

圣弗朗西斯科　　(415) 983-5349　　(用户名) @GMail.com

2017年(月，日)
(姓名)
(地址)
(城市，邮政编码)

尊敬的(姓名)：

引领制造业的主要软件开发计划培养了我的项目管理技能和领导技能。我具有管理整个软件开发生命周期的经验，从最初的设计直到交付使用和技术支持。我的技能包括：系统文件编制、软件应用测试、技术实施，以及及时提供大型项目培训，同时达到客户的所有要求。

最近在__________我协助进行了一笔价值98万美元的__________应用程序包的设计、开发、部署和销售。我还制订了离岸方案以减少成本并简化流程。我的其他业绩包括：

- 通过一项符合外部审计人员要求的库存审计制度节省费用12.5万美元，并分批进行价值2 300万美元的实物盘点以确保其完整性和可用性。
- 通过确保符合美国政府出口规章制度，每年避免了6 000万美元的潜在罚金。

对于一家需要具有娴熟的项目管理经验、领导力和优秀人际交往技能的职业人士的公司来说，我具备的独特技能和经验将为支持贵公司软件开发目标的不断升级发挥关键作用。

若想了解我职业背景的详细资料，请查看随附的简历，并在您方便的时候随时联系我。期待与您交谈，谢谢！

顺颂商祺。

金·李

项目管理专业工程师

收件人:
发件人:
抄送人:
邮件标题：项目管理专业（PMP）工程师

尊敬的（姓名）：

我是一名在制造流程、质量控制、业务监督方面具有丰富经验的项目管理专业工程师，我曾带领跨部门的项目团队从设计阶段一直跟进到按时完成项目。我在工作中逐步获得晋升，职责不断扩大。

作为一名工程师和项目管理职业人士，我在许多方面有突出的表现：

- 建立并实施项目管理程序以确保项目如期运行。
- 运用项目管理专业方法论来计划和管理项目的范围、风险、成本、时间期限、关键节点、资源和质量，贯穿项目从启动到完成的全过程。
- 管理权益相关人的预期并为管理层提交清晰的进度报告。
- 完成总额160万美元的项目。
- 研究、设计并开发机器原型和制造设备。

我与公司各层级和外部供应商都能进行有效沟通，具有出色的职业操守，在团队协作和独立工作环境下都能高效产出。我为完成复杂的工程项目而感到无比自豪。

我很乐意与您探讨我所具有的技能如何符合贵公司客户的需求。期待与您交谈。

此致

敬礼!

（你的姓名）

（你的电话号码）

项目经理

收件人：
发件人：
抄送人：
邮件标题：项目管理

尊敬的（姓名）：

我从我的职业关系网中得知您可能在寻找一位资深项目经理，因此想向您表达我对这样一个机会的兴趣以及为什么我是个合适的人选。我相信在绩优科技巨头公司 12 年的工作经验使我具备了必要的技能和开阔的眼界，能够作为您团队中的一员做出有意义的贡献。

我擅长设计、实施并持续改进整合市场营销、业务运营和培训项目。一旦确定职责范围，我就能指挥一个项目，分析需求并找到取得预期成果的方法，并且总能实现无懈可击的营利性结果。

我很乐意有机会接受个人面试，以进一步探讨我的资历。附上我的简历，您可以通过如上的电子邮件或者电话（817）825-9452 联系我。

此致

敬礼！

房地产

眼下，书信已经很少见了。也正因为如此，书信时常能引起关注，并使收信人可以从电脑屏幕前获得片刻休息。卡萝尔用大信封寄出了10封这样的书信以便简历能够保持平整。

一星期内她就接到了三个电话，其中一个使她找到了下一份工作。

卡萝尔·詹金斯

墨尔本 & 洛杉矶　　011 213-519-88-489　　commercialproperty@gmail.com

（日期）

（姓名，职务）

（公司名称）

（地址）

（城市，州邮政编码）

尊敬的（姓名）：

我在房地产行业有15年以上的从业经历，在各种不同的环境和公司架构中都取得了成功，具备可能有益于贵公司的丰富经验、领导力和技能。

- 在多个亚洲房地产市场成功分析、构建并执行交易的一贯记录。特别是，我认为在我的协助下，在亚洲运营的投资公司几乎可以不插手成熟的市场机构及资产业务。
- 带领资产管理、物业管理和租赁队伍达成并超越预定目标的公认能力。我曾与团队协作在房地产市场获利超过10亿美元。
- 取得各种成就，包括处理6.5亿美元的承销、收购和管理业务，为公司成立雅加达办事处，达成16笔交易，价值总计4 200万美元，并始终保持90%以上的入住率。

通过全球工作的经验，我对这些区域文化和商务礼节有了深入了解，并运用这些知识成功进行了交易，并对丰厚利润的资产和投资组合加以妥善管理，且在澳大利亚和中国都有丰富的人脉资源。

我的简历将提供更多有关我的资历的详细信息。我将很高兴能有机会参加面试，探讨贵公司最紧迫的需求以及我能做出的业绩。谢谢！

此致

敬礼！

卡萝尔·詹金斯

附件见后

应用程序开发员转向

收件人：
发件人：
抄送人：
邮件标题：应用程序开发员

尊敬的（姓名）：

作为一名应用程序开发员，我很有兴趣加入贵公司的软件开发团队。贵公司不断创新，我关注贵公司很久了。贵公司以产品质量好、客户服务好和雇主品牌形象好而著称，而我希望在一个重视应用程序开发的公司中工作。

我目前的职位是__________应用程序开发员。这份工作让我积累了三年使用Visual Basic和其他编程语言的实践经验。然而，我渴望转做实际软件编写，并重回__________领域。

我有计算机科学学士学位，并且即将获得硕士学位。

附上我的简历供您查阅。三周后我会回到__________，因此我将致电给您安排一次会面。同时，您也可以随时给我发邮件或者致电查询更多信息。期待近期能与您见面，谢谢！

此致

敬礼！

（555）555-1234

图书馆研究和参考馆员

收件人：
发件人：
抄送人：
邮件标题：图书馆研究和参考馆员

尊敬的（姓名）：

您是否在寻找一位初级研究馆员、参考馆员或者编目人员？我对网络资源和导航工具的使用经验以及我对图书馆数据库的经验，将使您有机会雇用一位曾成功从事过图书馆工作的初级图书馆专业人员。

我在__________取得了图书情报专业硕士（MLIS）学位，平均学分绩点为 3.95，并有在高校图书馆和州政府图书馆参考资料部实习的经历，也许我可以为贵公司服务。

附上我的简历供您查阅，您在简历中会找到有关我教育背景、相关培训和工作经历的信息。我想特别向您说明我具有的一些不同寻常的资历：

- 波兰语、俄语、斯洛伐克语、德语、拉丁语流利。
- 教过英语和公民学课，在 8 年多时间里通过率为 100%，教过 2 000 名外国学生。
- 熟练使用图书馆管理软件 Voyager 模块、AACR2r、LC 分类方案、机读编目（MARC）格式、联机计算机图书馆中心（OCLC）以及 LexisNexis 数据库，道·琼斯（Dow Jones）出版社、Dialog 联机检索系统和 Classic 系统。

我在图书馆服务中的目标是有效率地提供高质量的客户服务。我们能否尽快见面详谈您的需求？下周我会致电给您的办公室，以在我们都方便的时间会面。谢谢！

此致

敬礼！

（555）555-1234

销售和市场策略师

收件人：
发件人：
抄送人：
邮件标题：销售和市场策略师

尊敬的（姓名）：

一家有远见的公司总是需要具有真正领导力和商业策略技能且有自主性的职业人士。作为一名技术娴熟的销售和市场策略师，我将很高兴有机会探讨我具备的技能如何能为贵公司的销售目标做出贡献。我曾经出色地完成了以下事项：

- 超额完成财务指标和任务，一年实现 1.25 亿美元销售额。
- 为销售目标 500 万美元的产品公告建立并制订新的市场营销计划。
- 在附加产品销售中超过销售目标 100 万美元并将利润提升了 5%。
- 通过开发全球资源使附加产品的利润提升 20%。

由于具备从容应对如今这种特殊市场条件中的挑战的能力，我能有效地在能源领域将我的技能和经验结合起来，在客户管理、绩效管理、策略规划和建立人际关系中充分发挥我的聪明才智。我还了解如何把技术当作一个竞争工具来使用。

若需了解有关我的职业背景的详细说明，请查阅附件简历，希望您会感觉有需要通过签名下边或简历中的电话号码联系我。

顺颂商祺。

（555）555-1234

学校董事会成员

收件人：
发件人：
抄送人：
邮件标题：学校董事会

尊敬的（姓名）：

我对＿＿＿＿＿学校董事会中的空缺席位非常感兴趣。我寻求这个职位的动力就是做公共服务。因为我非常热衷于社区服务，并对社区如何运作具有深入的了解，我认识到公共教育系统对于社区的整体成功至关重要。

在工作了30年从执法界退休以后，我在两年前回归了公共服务。我目前在城市的卫生局担任药物滥用预防协调员。具有药物滥用和公共卫生方面的视角对于成为学校董事会成员也颇有益处。

在如今这个世界，我们会担心家乡的安全。我们的教师和学生需要身处一个安全的环境。家长们也需要确保他们的孩子在学校里以及学校组织的活动中是安全的。根据我的人生经历和受过的培训，我也会为学校董事会带来这个方面的专业知识。

公共服务一直是我的使命所在。在＿＿＿＿＿城市学校董事会任职将使我能够运用在32年公共服务工作中获得的技能，让人们的生活得到改变。虽然我的孩子们已经长大了，但我还期待我的孙辈能够拥有优秀的学校教育系统。

我有充足的时间奉献给这份工作，作为一名董事会成员，我有动力、精力和经验做出积极的贡献。我请您不仅考虑我的资历，而且相信我为居民服务的愿望。附上的简历中说明了我丰富的社区工作参与经验。

此致

敬礼！

（555）555-1234

高级网络控制技术员

收件人：
发件人：
抄送人：
邮件标题：高级网络控制技术员招聘启事

尊敬的（姓名）：

看到贵公司招聘高级网络控制技术员和管理员的招聘启事，我十分激动。我的资历和技术背景以及实地考察、市场营销和客户服务方面的经验，正符合贵公司这个职位的要求。随附的简历能说明我具备提供定制化网络以及软硬件解决方案以满足远程客户需求的经验和技术训练。

我相信以下事项与贵公司的需求相关：

- 态度随和，乐于在任何级别上努力工作以如期完成任务。
- 有能力处理多重任务，为任务和工作分配进行优先排序以平衡客户需求和公司的目标。
- 为减少停机时间以及重组公司系统进行战略性规划，以实现重大改进。
- 具有排除故障的能力，同时尊重客户，并能用平实的语言说明出现的问题和解决方案。
- 进行协商、坦诚相见的沟通技巧，能够促进与人建立牢固且持续的融洽关系及信任感。
- 诚信、卓越的职业操守，提升公司的辨识度。
- 有信服力，有担当的工作风格，配以制造愉快工作氛围的幽默感。
- 了解员工心理，具有激励他人在更高层级工作以提高生产力的才能。

进行一次面试来进一步探讨贵公司的需求和我的资历将对贵公司的客户大有益处。期待得到您的回复，谢谢！

此致
敬礼！

（555）555-1234

战略采购管理

收件人：
发件人：
抄送人：
邮件标题：战略采购管理

尊敬的（姓名）：

如果您有兴趣显著提升贵公司的业绩和赢利水平，我将与您分享我的建议。作为一名具有20年海外制造业经验且注重绩效的领导者，我曾经通过变革使企业在显著削减成本的同时加速发展，以达到世界一流水平并实现业务可持续性。

最近，我通过重新谈判合同降低了成本，还通过拓展价值主张，同时建立起一个分散于各地的供应商系统，把最终利润提高了150多万美元。

我最大的优势之一就是有能力制定并实施关键策略，以提高收入增长、降低成本并显著改进总体客户服务。例如，我通过创建评估生产量和完成率的新系统，使公司收入增加了78万美元。

我能够为复杂的业务问题思索出巧妙的解决方案，还具备合作领导、沟通和灵活性方面的娴熟技能。过去的成就足以证明我是一位高效领导者，始终能够达成目标并领导无坚不摧的团队。

我已经准备好在一个能够以我独特的技能和知识直接创造价值和长期卓越解决方案的舞台上接受新的挑战。期待收到您的回复，能安排一次面试让我得以了解更多贵公司的计划和目标，以及我能如何为贵公司的持续成功做出贡献。

此致
敬礼！

（555）555-1234

系统性能

收件人：
发件人：
抄送人：
邮件标题：系统性能提升

尊敬的（姓名）：

提出技术方案以促进系统性能、减少运营成本并提高盈利是我所擅长的。我值得突出的资历包括：

- 带领技艺高超的信息技术专业团队进行大规模技术改造和整合项目的15年工作经验。
- 为地区医院和保健机构提供高级技术解决方案的15年工作经验。
- 拥有管理信息系统专业学士学位和工商管理硕士学位。
- 获得精益六西格玛和变革管理认证。

在过去七年中，我在__________担任技术总监，为消除技术和业务优先级之间的鸿沟提供战略性信息技术指导，并取得了卓越的成果。我也能为贵公司做出相同贡献。

我们可以安排一个时间会面，以探讨我的技术项目管理技能如何能最好地服务于贵公司的需求。只要您时间方便，我都可以。我的电话号码就在我的签名下边。

此致

敬礼！

（555）555-1234

技术改造

发件人：TechConversions@gmail.com

收件人：收件人电子邮件地址

抄送人：

邮件标题：医院的技术挑战

尊敬的（姓名）：

对除了我之外的所有人来说，技术整合以及不可避免的全系统技术改造是个巨大的难题。提出技术方案以提升系统性能、减少运营成本并提高盈利是我最擅长做的，这也是我的乐趣所在。

在过去七年中，我在__________担任技术总监，为消除技术和业务优先级之间的鸿沟提供战略性信息技术指导，并取得了卓越的成果。现在我要寻找新的挑战。

我值得突出的资历包括：

- 拥有管理信息系统专业学士学位和工商管理硕士学位。
- 获得精益六西格玛和变革管理认证。
- 为地区医院和保健机构提供高级技术解决方案，带领技艺高超的信息技术专业团队进行大规模技术改造和整合项目的12年工作经验。

我能解决为您的医院造成损失的系统整合、升级和改造问题。我们聊聊这些挑战和解决方案是不是更有意义？附上我的简历，下边也有我的电话号码。

此致

敬礼！

（你的姓名）

（你的电话号码）

兽医

收件人：
发件人：
抄送人：
邮件标题：兽医

尊敬的（姓名）：

为参加主要赛事的赛马解决健康问题并提高成绩的15年从业经历，使我成为贵公司近期在美国马医协会（AAEP）网站上发布的职位空缺的最佳人选。因此，附上我的简历供您查阅和考虑。我的主要优势包括：

我能够独立工作，并在没有直接领导的情况下，做出重要决策。我在几大主要赛事中积累的对马的了解和经验意味着，我只需要很少的情况说明就能“马上投入工作”。

一份优秀的比赛记录有助于反映纯种马和夸特马*的健康状况，并能让驯马师通过改善马匹的呼吸系统和整体健康、处理跛行问题来帮助驯马师提升马匹的成绩（可以提供参考资料）。

我还具有通过观察和诊断测试，在购买前评估年轻马匹的能力。我总是能拍出高质量的可存储的射线照片，并定期审核存储设备中的射线照片。我还曾陪买家参与拍卖（科尼马场等）以评估买家中意的马匹。

我还具有协助驯马师制定有效的马场内训练项目的经验，还曾在育种场环境中帮助饲养员解决马匹繁殖的健康问题。

我相信我能成为贵公司的有用人才，并很乐意进一步探讨我的知识、专长以及敬业精神如何能解决您的需求。请随时与我联系，在我们都方便的时候安排一次电话面试或者个人面试。谢谢您的时间和考虑。期待与您交谈，谢谢！

此致

敬礼！

（你的姓名）

（你的电话号码）

附件：简历

---

* 夸特马是一种善于短距离冲刺的赛马。——译者注。

资产清算副总裁

收件人：
发件人：
抄送人：
邮件标题：有资产清算任务？请这个人吧！

尊敬的（姓名）：

作为__________公司租赁资产清算副总裁，我成功地策划在资产中回收了 2 300 万美元，几乎是最初 800 万美元收购报价的三倍。

在我的职业生涯中，我在制定并实施规划及清算策略中发挥了重要作用，并以一名总能完成任务的职业人士著称。

我联系您的原因很简单：我对既有挑战性又能运用我在资产清算管理方面能力的项目机会很感兴趣。目前，我手里的项目还有 4~6 周就结束了。我正在考虑新的工作邀请，并打算在 2 月 1 日做出决定。

请查看我附上的简历以了解更多信息。期待收到您的回复，以探讨任何对我们双方都有益的机会。

此致

敬礼！

（555）555-1234

应用程序开发

收件人：
发件人：
抄送人：
邮件标题：应用程序开发

尊敬的（姓名）：

您是否有客户正在寻找一位具有在零售业为管理信息系统（MIS）和销售时点信息系统（POS）高级应用程序进行大规模信息技术方案设计、开发和实施经验的应用程序开发总监？如果是的话，那么我最擅长的正是创建信息技术解决方案以促进零售运营绩效，降低成本并提高利润。

我的资历包括：

- 管理信息系统专业学士学位和信息技术专业工商管理硕士学位。
- 信息技术行业 15 年工作经验，开发计算机应用程序，能为年收入超过 16 亿美元的全球零售连锁店进行总体分析并做出详细的财务报告。
- 管理和领导计算机系统分析员、计算机程序员、商业分析员和技术支持人员的 12 年工作经验。

作为__________公司零售系统的应用程序开发经理，我管理 100 万美元软件预算并开发了能够消除技术和业务优先级之间鸿沟的应用程序，成果斐然，这一点有目共睹。

我们能否安排一个会议，探讨我的领导力、技术和管理优势如何能为贵公司的客户之一服务？我的电话号码就在我的签名下边。

此致
敬礼！

（555）555-1234

工程管理

收件人：
发件人：
抄送人：
邮件标题：您在找工程管理人才吗？

尊敬的（姓名）：

我从事工程管理和业务管理领域的工作，写信来是为了跟进我上周寄出的一份简历。姓名：约翰·史密斯。目标职位：工程管理。我在这封电子邮件末尾也附上了我的简历，以防您没收到上述简历。

我正在寻找一个能发挥随附简历中展示出的经验和能力的管理类职位。如果您有这类职位的空缺，我将很愿意探讨更多细节。过几天我会致电给您跟进此事，谢谢！

此致

敬礼！

（555）555-1234

全球咨询

收件人:
发件人:
抄送人:
邮件标题:全球咨询

尊敬的(姓名):

我是一家全球性咨询公司的咨询客户服务管理专业人员,在识别问题,领导开发和实施适用于特定行业的业务流程,为各行各业的众多财富500强客户提高生产率、质量、运营绩效和利润等方面具有丰富的经验。

我以多种方式为客户带来良好的结果,例如:

- 为三位新任首席财务官制定日程安排,以帮助他们优先安排各类活动、评估直接下属的成果和表现,并创建计划以帮助他们顺利度过试用期。
- 为首席财务官和财务部门制定战略,通过一个共享服务中心削减成本、提高效率,改善资金运营和报表。
- 设计年度及长期战略规划,执行并改进流程,以使财务规划与业务预测相一致,并将规划周期缩短了两个月。
- 协助客户解决与萨班斯-奥克斯利法案(Sarbanes-Oxley)* 的要求有出入的问题。实行内部控制以及符合美国公众公司会计监督委员会(PCAOB)和美国证券交易委员会(SEC)法规的适应性程序,避免公司股票被摘牌。

我的领导技能和技术知识使我总能通过成功实施商业策略来指导客户进行管理。我与公司上下都能打成一片,并在项目实施期作为高管的主要联系人。我为提供了优质服务而感到自豪。我很乐意与您探讨我具备的这些技能如何能满足客户的需求。期待与您交谈。

此致

敬礼!

(555)555-1234

---

* 萨班斯-奥克斯利法案是美国立法机构根据安然有限公司、世界通信公司等财务欺诈事件破产暴露出来的公司和证券监管问题所立的监管法规。——译者注

生命科学

收件人：

发件人：

抄送人：

邮件标题：生命科学财政分配

尊敬的（姓名）：

我听说您的猎头公司与高增长型的生命科学组织保持着密切联系。我的优势包括在医学和相关业务有成功经验。我目前就职于__________专科医院，能够把医学上的专长与业务目标以及实现这些目标的财务策略相结合而制订解决方案。

我的经验以及我的教育背景，让我对科研及其对业务策略的影响有独到见解。我有生物工程和财务学学士学位。

我很乐意与您探讨我具备的这些技能如何能够符合贵公司客户的需求。期待与您交谈，您可以拨打以下电话联系我。

此致

敬礼！

（555）555-1234

餐厅特许经营权管理

收件人：
发件人：
抄送人：
邮件标题：餐厅特许经营权管理

尊敬的（姓名）：

我是一名餐厅管理专业人员，具有19年从业经验，曾指导企业成功运转，并曾被指派为经营不善的机构和新成立的机构解决难题。我目前在一个拥有11家全面服务餐饮连锁店的特许经营企业担任总经理职务。

作为总经理，我负责监督餐厅运营的各个方面，包括招聘新员工、员工培训和发展、制订预算、会计核算、销售预测、工资发放、库存管理和制定时间表。另外，我在快节奏、高要求的环境中工作自如，并且保持始终一致的客户满意度。

作为总经理，我以多种方式创造价值，包括：

- 确保公司的方案得以实施，且通过尽量减少运营成本来获得利润最大化。
- 建立并实施员工交叉培训项目，使人工成本降低18%。
- 在不到六个月内，把客户体验评级从42%提高到63%。
- 在六个月内，把食物浪费率从18%降低到5%。
- 提高总体绩效，连续三年使餐厅年收入达到25万美元。
- 在改善经营不善的餐厅和无数新企业业务方面发挥了重要作用。
- 指导总经理们协助新开业的和已营业的餐厅运营良好。

我为管理绩效优异的餐厅并持续实现高生产率和卓越的客户服务而感到自豪。我很乐意与您探讨我具备的这些技能如何满足贵公司客户的需求。期待能与您交谈，您可拨打（404）555-1234联系我。

此致

敬礼！

（姓名）

后续跟进信件

401（k）计划 * 事务专业人士

收件人：
发件人：
抄送人：
邮件标题：詹姆斯和卡伯特森传播顾问会议

尊敬的（姓名）：

上周三（1 月 11 日）与您探讨传播顾问一职的有关事宜是一次很愉快的经历。我十分感激您抽出宝贵的时间，与我耐心探讨职责范围，并考察我的资历。

我将发挥我从事 401（k）计划事务的经验以取得良好效果，引导品牌传播从最初概念到最终执行的全过程；为 401（k）计划的赞助者、参与者、财务顾问和投资委员会对该计划的营销和传播策略进行有力的开发、执行和管理；依据首要传播计划和目标精心运用资源和经费。

我能与内部和外部各个层级的客户融洽相处，包括客户关系经理、首席财务官、人力资源总监和投资委员会，无论是在一对一事务中还是在进行董事会报告时。

我总是努力营造信任和尊重的氛围。团结组织和服务客户一直是我作为一名成功的领导者的重要因素。

我对这个机会感到很兴奋，并渴望获得进展。

此致
敬礼！

（555）555-1234

---

* 401（k）计划也称 401K 条款，是美国的一种由雇员、雇主共同缴费建立起来的完全基金式的养老保险制度。——译者注

首席执行官个人助理

收件人：
发件人：
抄送人：
邮件标题：首席执行官个人助理面试跟进

尊敬的（姓名）：

今天下午您和__________对我进行的面试让我对贵公司的运营和贵公司的氛围有了更清楚的了解。我想特别对您，__________，表示感谢，感谢您们详细描绘了贵公司首席执行官的需要和工作风格。

在我们会面之后，我对这个职位的职责范围以及其如此匹配我的能力和工作风格感到热血沸腾。在回顾了您的意见后，我认为我能为贵公司首席执行官顺利完成日程而提供的关键优势在于：

- 以促进决策制定的方式与资深员工有效相处的经验。
- 预测一位高级管理者的需要并提供可行性选择方案的能力。
- 优秀的沟通能力，尤其是获得员工反馈并进行简要归纳的能力。

无论工作职责是否需要进行会议安排、办公室管理、日程制定或与高级管理层沟通，我都能运用高效的"人际交往技巧"和丰富的商业经历应对不断变化的情况。

我相信以我充满活力的工作作风，能成为这个独特职位的最佳人选。我很乐意再参与一次会议，详细说明我的经历背景以及我能如何协助贵公司首席执行官。我对此激动万分，我们能否详谈？

此致

敬礼！

（555）555-1234

设备服务部主任

收件人：
发件人：
抄送人：
邮件标题：物理设备服务部主任

尊敬的（姓名）：

很感谢您昨天抽时间和我讨论物理设备服务部主任的工作。我知道招募这类职位人员时，时机和兴趣非常重要。

您提到今年夏天早些时候曾设法联系我的事就是一个例证，但那时我的父母病重，无暇他顾。由于这一情况，那时我无法安心参加面试，但现在我已经准备好了。

按照您要求的，我在附件中附上了我的简历。我以往担任物理设备服务部主任的经验可以顺利应用于新的工作环境，这种灵活转换性正是这个职位吸引我的地方之一。

您可以通过电子邮件或电话联系我，期待得到您的回复。谢谢！。

此致

敬礼！

（555）555-1234

初级养老基金管理人员

收件人：

发件人：

抄送人：

邮件标题：感谢您安排会面

尊敬的（姓名）：

我想用这个机会感谢您这周三上午面试我，这更坚定了我对__________部门初级客户服务职位的强烈兴趣。

正如我们讨论过的，我觉得学士学位以及养老基金实习生的经历让我对基本的商业运作有所了解，并有助于我快速适应新的工作。此外，我一直是一个工作努力、可靠、忠诚的雇员，并得到了认可。我相信我能为贵公司的集团养老金部门做出有价值的贡献。

期待近期与您再次会面，以商讨下一步做什么。我真心对这个职位有兴趣并充满热情。

顺祝商祺。

（555）555-1234

行政助理跟进

发件人：ExecRightHand@earthlink.net
收件人：
抄送人：
邮件标题：近期的会面

尊敬的（姓名）：

我很享受周五我们进行的谈话；感谢您对关于行政助理一职的反馈，让我更加了解__________的文化。

对于您关于我在压力下工作的能力提出的问题，我的回答是：我的前老板被人们亲热地称为“塔斯马尼亚大嘴怪”（Tasmanian Devil），她总是忙个不停，并以此为荣。她雇用我是因为她想要一个信得过且能力超强的助手，能够适应她快节奏的脚步，关注她最感兴趣的事。因此，我非常适应快节奏、对工期有严格要求的工作环境。

我了解您作为平台解决方案公司（Platform Solutions Group）向总裁汇报的国内业务副总裁，肩负很多责任。为现场会议和非现场会议进行把关、组织、计划和日程安排，跨越各个时区繁忙地工作，这都是我非常适应的。作为一名出色的行政助理，我能 7 天 24 小时全天候为您提供全力协助！有了我对细节细致入微地关注，在我入职后，您对日程上的工作能否顺利开展的担忧就可以全部打消了。

您知道您需要什么，但根据我的经验，这只是成功的一半。而我能助您获得另一半：为您提供诸如花费和销售报告、记录并监控开销，并且为您安排您需要能安心托付给别人安排的行程，以便您能专心让__________发挥最大赢利能力。

希望您能给我这个激动人心的机会！我相信我们能够组成一个绝佳的团队。

此致

敬礼！

（你的姓名）

（你的电话号码）

融资顾问

收件人：
发件人：
抄送人：
邮件标题：融资顾问会议
尊敬的（姓名）：

感谢您抽出时间与我探讨如果作为贵公司最新的融资顾问，我能在________方面贡献价值。

我从入职开始就已经开始思考如何能够做到最高效。当然，我的想法肯定只是初步的，我并不完全了解贵公司如何运作。不过，根据您的观察，我希望得到您对这些初步想法的意见：

- 客户需要明白，我们提供的定制化解决方案是快速、流畅、连续的活动，能够引导他们应对现在这个复杂的融资世界。
- 使公司的定位和品牌成为客户在财务和运营上不断增长而必须取得的资源的"独有来源"。

我正在修改我的专业持续发展计划，以从一个顾问的角度集中关注融资事宜，这是我认为的未来的方向。我正在翻阅文献并与我的社交圈联系，以了解他们对如今与融资顾问共事的感受。

我会运用我所了解到的，重新评估我本人在有顾问和没有顾问的情况下取得的成功。我认为这样的当前竞争分析，以及我从"另一方"获得的信息，会为我们对市场营销方案进行战略性规划产生价值。

我很感激您对我与__________会面的建议投了赞成票。我希望让此次会面对她来说尽可能有用。为了达到这个目的，我可能几天后致电给您，听取您对我以上初步想法的反馈。

万分感谢您的所有帮助……

此致

敬礼！

（555）555-1234

跟进第一次电话面试

收件人：
发件人：
抄送人：
邮件标题：定量分析、投资分析、风险管理应聘者

尊敬的（姓名）：

感谢您今天花时间和我交谈。是贵公司在投资管理行业的名气促使我打电话的，而且我很高兴得知您正有一个职位可能适合我的资历。

在＿＿＿＿＿担任定量分析师四年多以后，我获得了可能成为重要资本的宝贵经验和扎实技能，尤其是对＿＿＿＿＿这样的客户来说：

- 对成长型、价值型和定试型投资策略具有丰富的经验。
- 曾经采用各种基准测试投资组合。
- 具有与投资组合经理进行沟通的娴熟技巧。
- 对市场以及为机构客户找到投资解决方案充满热情。

为使我在定量投资分析方面的技能更加精进，近期我获得了金融数学专业的硕士学位。

期待收到您关于这个职位以及其他合适机会的回复。

此致

敬礼！

（555）555-1234

电话跟进

收件人：
发件人：
抄送人：
邮件标题：简的预言是对的！很棒的会面。

尊敬的（姓名）：

感谢您今天上午和我见面。我们共同的朋友简·托普曾让我放心，说和您会面一定会富有成效，事实的确如此。我真心感谢您的忠告、见解和建议。

我附上了我的简历供您审阅。如果您对其中有关效率和优势方面有任何建议，我将十分感激。我知道您可能目前手头没有适合我的职位，但我将很感谢您将来能想到我。

正如我们今天上午谈到的，我适合也正在寻找一家大中型高科技制造或服务企业中的高级管理信息系统方面的职位。我希望职位年薪在 15 万美元以上，并且能直接向最高管理层汇报。但这些要求会视所有明显的因素而有调整的灵活性。我和我的家人都可以搬家到各地，除了（地点名称）。

如果在我所专长的任何相关领域能够对您有所助益，请和我联系，我很乐意为您推荐合适人选。我知道人脉网有多重要。我真心感激您的帮助，并希望有机会报答。再次表示感谢。

此致

敬礼！

（555）555-1234

人力资源，人力培训和发展（T&D），远程教育

收件人：
发件人：
抄送人：
邮件标题：跟进，今天下午3点的远程教育会议

尊敬的（姓名）：

非常感谢您今天抽时间与我见面。我们的谈话非常愉快，并且我对有可能加入您的团队感到非常兴奋。

我很高兴得知您乐意接受与人力资源和人力培训与发展职能相关的教育科技工具，无论是在日常经营还是将来开展公司培训项目（比如远程教育）中为分散各地的客户服务。

我对把科技应用于人力资源职能以及公司日常运作中很感兴趣，并且热衷于此，我将很乐意为贵公司在这个领域出力。

正如我们沟通过的，我具备这个职位所要求的各个方面的相关经历。为贵公司的重要客户建立一个举办评估研讨会的新系统，对我来说将是一个令人激动的启动项目，而且我最近的工作经历表明我将能在短期内完成任务。

我对这个职位非常感兴趣，期待很快得到您的回复。您如果需要额外的信息，可以拨打（555）555-1234联系我。

此致

敬礼！

（555）555-1234

图书馆建设

收件人：
发件人：
抄送人：
邮件标题：周一下午的图书馆员甄选会议

尊敬的（姓名）：

感谢您给我机会让我这周一下午 4 点与您以及甄选委员会见面。我们关于新设立的图书馆建设部门中的助理国家图书馆员的讨论很愉快，贵馆工作人员对这个职位的见解令我印象深刻。

基于我们的谈话，我相信我具备您期望的国家图书馆员的各项能力。

为重申我对这个职位所具备的经验，请注意以下事项：

- 推进项目实施并与超过 1 000 个分布在所有重要领域的会员图书馆建立工作关系。这些活动包含众多社区外展活动。
- 提供战略性远景和使命，促使员工为实现企业目标而努力。在大量的工作任务中，我很欣赏会员图书馆的员工为达成出色的项目结果而全力以赴。
- 管理基本工程项目并领导信息技术方案。这些工作包括为符合美国残障法案的要求而进行设施升级，为改进空间使用而进行设备翻新，并为技术应用于图书馆环境发挥领导作用。
- 指导城市和郊区的部门明确各种各样的竞争优先权（competing priorities）。在这些经历中，我曾指导一个馆际互借部门为分布在 5 个县的 100 家独立分支机构服务。

我对这个职位非常感兴趣，并且相信我在__________方面的实际经历表明我有能力“马上全力以赴开展工作”，并能够运用我的领导力、热情和专长在这个发展性职位上推进国家图书馆达成使命。期待近期我们能够继续我们的谈话。

此致

敬礼！

（555）555-1234

后勤管理跟进

收件人：
发件人：
抄送人：
邮件标题：应聘后勤管理

尊敬的（姓名）：

很荣幸昨天下午 4 点与您探讨了有关__________公司后勤部门职位的事宜。很感谢您为我抽出时间，并提出了很有价值的建议。根据您的建议，我调整了我的简历，以更准确地反映我与这个职位相匹配的技能，并附上了新一版简历以便您能更新您留存的文件。

再次感谢您肯定我在面试中的表现。若您的客户之一需要这方面的人才，请一定考虑我。若您需要我协助寻找这个行业的人才，敬请告知，我工作了 12年，也认识了不少人。

此致

敬礼！

（你的姓名）

（你的电话号码）

制造商代表

收件人：
发件人：
抄送人：
邮件标题：我们关于制造商代表的会议

尊敬的（姓名）：

感谢您在2月23日（星期五）为制造商代表的职位面试了我。我从您这儿了解到关于__________的信息让我确信，这是一家积极进取的公司，我能够在这儿发挥我的才能并做出有价值的贡献。事实上，自从20年前开始职业生涯后，我就没有为一个职位这么确定和兴奋过。

正如我向您提到的，我很擅长销售并在印刷行业具有扎实的技术背景。从印厂工人到厂长，我和印刷厂中各个层级的人员都相处愉快。在我与__________进行销售洽谈时，我发现他求购__________印刷业务的要求很高，很难取悦。我之所以能够成功获得并维护他的业务，原因之一在于我始终致力于为客户提供优质的服务。无论何时出现任何题，我总能迅速做出回应。

在我们的讨论中，您似乎表现出对我缺乏与经销商合作的经验有些担心。我和__________这样的经销商保持长期的合作关系，并曾从他们那里购买了总计价值100万美元的设备，从第一家出版社一直扩展到12家。我确定以我的毅力和坚持，我能在销售中及服务端处理好与经销商的关系。

我的主要优势包括：追求实现目标，具有主动性和良好的职业操守，并有快速学习的能力。对我的培训期将很简短，我会利用业余时间让自己熟悉贵公司的设备和产品线。此外，我适应长时间工作，不排斥在中部各州区域出差或一周为期4天的出差要求。

我来自一家中型企业，能进入__________工作将是我的荣幸。期待与您进一步探讨我的应聘事宜。

此致

敬礼！

（555）555-1234

心理健康高级顾问

收件人：
发件人：
抄送人：
邮件标题：期待下周的到来

尊敬的（姓名）：

我想感谢您给我机会与您探讨有关贵公司高级顾问这个职位的事宜。我从很久以前就非常仰慕贵公司对社会的服务和承诺。我具有的教育背景、经历和咨询技能将使我非常有信心能够为贵公司的心理健康项目做出直接的以及长期的贡献。

我们讨论过的这个职位与我具备的优势和技能非常匹配，因为在我的咨询和教学中，我都会重点关注家庭及其影响，以及与每个客户的治疗方案的关系。

我真心期待下周能再与您会面，与一位拥有相似投入度以及强烈信仰和准则的人交谈真是振奋人心。如果您在我们会面前需要任何额外信息，请随时给我打电话。

此致
敬礼！

（555）555-1234

运营管理跟进

收件人：
发件人：
抄送人：
邮件标题：运营管理专业人员，感谢您与我交谈

尊敬的（姓名）：

感谢您今天上午允许我向您简单介绍了我自己。以下是您让我发给您的进一步详细信息：

10年运营管理工作经验，具备快速理解、管理并建立业务的能力，熟悉国内和国际公司文化，拥有抓住重要因素的才智和能力，具有努力工作、出差和异地工作的意愿。

我刚刚获得工商管理硕士学位，并将很乐意有机会运用我在运营、管理、市场营销和科技产品方面的扎实背景与客户公司讨论业务。

我不一定需要好听的头衔（但我希望得到晋升）。我所寻找的是一个不仅具有挑战，同时具有远期潜力的特别职位。

我很乐意在您查看了附件的简历后和您进一步探讨细节。我们能否共事？

此致
敬礼！

（你的姓名）
（你的电话号码）

高级行政助理

收件人：
发件人：
抄送人：
邮件标题：高级行政助理会议

尊敬的（姓名）：

我想向您和您的团队对我在__________面试时花费的时间和表达的好意表示感谢。那次谈话很愉快，让我对__________的高级行政助理一职更有热情。

我了解高级行政助理这个职位的重要性，根据我以往的成功经验，我有信心能够迎接这些挑战。我的教育背景非常优秀，包括获得了市场营销专业的工商管理硕士学位，并且还接受了数小时的继续职业教育。

我在行政工作、日程管理、预算、数据管理、风险管理以及调研策划方面的经验和技能，将使我能够为您的团队做出一些有价值的贡献。具体来说，我的资历包括：

- 预见行政需求并主动汇集各方面资源来支持行政主管解决问题的能力。
- 与全球范围内的跨职能团队以及管理层中的各层级人员进行高效工作的能力。
- 高度的保密性、职业化以及做出明智判断的能力。
- 开展新员工招聘、员工培训和拓展方面的经验。
- 具有行政、综合管理以及展示说明方面的经验。
- 为难以解决的问题提出新想法和创造性解决方案的能力。
- 在快节奏的环境中成功管理多个项目的能力。

我对您的团队表现出的热情和充满自信的专业水平印象深刻，并期待我们之间的谈话有所进展。我为这个工作机会感到很兴奋，希望加入您的团队成为下一个高级行政助理。请随时通过电话（555）555-1234或者通过（邮箱地址）与我联系。

此致

敬礼！

（555）555-1234

批发市场经理跟进

收件人：
发件人：
抄送人：
邮件标题：昨天的市场管理面试

尊敬的（姓名）：

感谢您昨天和我见面讨论关于批发市场经理一职的事宜。我知道您还在考虑其他人选，但是我希望作为较早的应聘者，您能记得我们在面试中的愉快交谈以及我取得的成绩：

- 具有批发商业银行业务各阶段的直接经验，包括：市场细分、市场探测、建立并维护客户关系、放款、销售非信贷类产品并提供服务。
- 两年内获得公共基金市场 24% 的份额，并获得保险公司基金市场 22% 的份额。
- 根据目标市场的需要定制开发现金管理和信托产品；三年后达成了 5 500 万美元销售额。
- 通过电子邮件、社交网站、投资者专题研讨会以及积极参与目标市场行业的专业组织来推广服务。

下周在您会见了其他应聘者以后，我会给您打电话，以继续我们之间的讨论。同时，请相信我具备的能力和投入度。

此致

敬礼！

（你的姓名）

（你的电话号码）

社交式信件

成人教育

收件人：
发件人：
抄送人：
邮件标题：感谢您的推荐

尊敬的（姓名）：

昨天与您的谈话很愉快。正如我们通电话时讨论的，我附上了应聘目前空缺的成人辅助教育职位的简历。十分感谢您能帮我把这些资料转给人事部经理。

我有教育管理学硕士学位，以及全缅因州适用的行政监察证，还有累计四年的教学经验。我具备的实践专业知识和教育方面的资历对于引导成教学生实现其教育目标非常重要。

在引导（名称）社区大学的学生时，我能做到以下方面：

- 高效的倾听和沟通，具有根据学生的兴趣和需求提供个性化建议。
- 启发和激励，积极鼓励互动和参与。
- 诚心诚意以每个学生能理解的方式进行沟通，无论其技能水平或文化背景如何。

我对和成教学生共同努力感到非常兴奋，因为成年人会为作为导师的我带来一种独特的热情和激励的感受。

附上我的简历，我将很乐意有机会进一步探讨相关事宜。谢谢！

此致
敬礼！

（你的姓名）
（你的电话号码）

动画技术

收件人：
发件人：
抄送人：
邮件标题：哈里·琼斯关于动画技术事宜

尊敬的（姓名）：

您好。今年早些时候我们在韩国电影节认识，交换了电子邮件地址，后来还见过几次面。我们探讨了对日本电影行业及其在全球娱乐业务中前景的共同兴趣。您也了解到我有把日本的游戏和动画技术整合进制作过程的想法。

在我们的交谈中，您提到__________可能有实习的机会，甚至可能成为雇员。我对此非常感兴趣。

我具备与人协商、劝说和联络他人的能力，还具有领导力和沟通技能。我还曾利用精通两国语言的优势促进业务双方相互了解。请查看我附上的简历，其中有关于我过去如何运用这些能力的实例。

我相信我独特的优势能够对__________项目的发展做出贡献，尤其是该部门始终能够得到足够的重视。我很乐意有机会与您探讨长期参与您的项目的事宜。

此致

敬礼！

（555）555-1234

大数据

收件人：
发件人：
抄送人：
邮件标题：六年内网实施经验，服务 15 000 名用户

尊敬的（姓名）：

我们共同的朋友卡萝尔·安德森向我提到，您正在寻找一位有大数据和云管理经验的数据库管理员。

她给我描述了这个职位，听上去正是我能够全心投入的那种工作。我将很乐意有机会与您探讨我与这个职位的具体目标相关的专业技能。

我在过去七年中所做的就是这类工作，但由于我所在的公司即将与其他公司合并，我正在寻求改变。卡萝尔建议我给您发一份随附的简历。

可否请您过目这份简历，如果您认为我们能够协作，那么或许我们可以谈一谈。我的电话号码就在我的签名下边。

此致

敬礼！

（555）555-1234

共同的经历和兴趣

收件人：
发件人：
抄送人：
邮件标题：杰克·赛克斯让我转达问候

尊敬的（姓名）：

通用汽车公司（GM）的杰克·赛克斯向您问好并建议我和您联系，因为他说我的经历、商业理念和做事风格让他想起了去年在休斯敦的会议上听到的一位首席执行官的演讲。很显然，您是那次会议的焦点人物。

我目前是一位运营副总裁，和您一样，我从最初级的工作开始，并一路从工头到工厂主管、制造工程师、运营总监，最终成为运营副总裁，我欣然去尝试每一个新想法。也许我错过了一些机会，但总体来说，我的成绩不错。以下举三个例子：

- 领导一家价值3.4亿美元的制造厂第一次申请就获得了ISO9002认证。
- 把墨西哥一家工厂的生产率提升了34%，并把停工时间减少了17%。
- 通过重建生产和配送物流，使利润提升了200%。

我非常相信团队协作的力量，并能高效地与研发、工程和市场部门一起进行跨部门合作，以实现公司的目标。我的同事都对我坦率、诚恳的待人接物方式赞许有加。

工作之余，我将休假前往塔蓬（Tarpon）做一次钓鱼之旅（听说您也是一位海钓爱好者）。下周我会在迈阿密，如果您有空的话，我希望能有时间和您共进午餐或喝杯咖啡。明天上午我将致电给您，看是否能做些安排。

随附的简历将让您对我的从业经历有一个全面的了解。期待与您会面。

此致

敬礼！

（你的姓名）

（你的电话号码）

工程管理

收件人：

发件人：

抄送人：

邮件标题：跟进我们在商会的谈话

尊敬的（姓名）：

上周在商会的会议上，我们有机会简短地探讨了关于您正在寻找人选填补__________工程管理一职的空缺。我很感谢您给我讲述了这个项目的详细信息，如您建议的，我希望跟进此事。正如我们谈到的，我对__________的品牌和店铺概念非常熟悉，听到您的扩张计划也很激动。鉴于我在工程、维修、项目管理和业务领导方面的经验，我相信我能在您这次业务发展中发挥重要作用。

作为优越景观设计公司（Superior Landscape Design）的创始人，我对公司的发展至关重要，带领公司在短期内取得了非凡的成功——在资产规模普遍为数百万美元级别的全国知名公司的市场中，将一家创业企业发展成一家太平洋西北地区以收入稳定著称的强劲的竞争者。

目前，我正打算卖掉这家公司，并已经与像贵公司这样富有活力、注重成长的公司探讨合作的机会，我在运营、组织管理、财务和业务开发等方面所具备的广泛的专业技能也将有所助益。除了多样化的领导经历，我还具备工程管理的基础专业技能，包括确保项目保质保量完成的能力。

也许我最大的优势之一就是通过细致周到、真诚坦率的沟通与客户建立长期良好关系的能力。我在向客户说明复杂的项目计划、编制预算、概述工作范围以及通过招标过程直接招揽到合格承包商等方面都非常成功。我对如何准备政府机关所需的书面文件也积累了丰富的经验，也因此与主要监管机构建立起了富有成效的合作关系，能顺利获取有关许可证和执照，加快项目开工。

我将很乐意有机会与您进一步探讨相关细节。我们周五午餐时间可否见面？我附上了我的简历，并将在几天后致电给您的助理，确定见面事宜。

此致

敬礼！

（555）555-1234

跨部门

收件人：
发件人：
抄送人：
邮件标题：真心感谢您的帮助

尊敬的（姓名）：

感谢您昨天抽出时间和我一起喝咖啡。了解到数据挖掘技术已经应用于庞大的学术电子图书馆建设中真是太有意思了，我们生活在一个令人激动的年代。

我在数据管理方面的背景为我开启了一个新的职业平台，使我能够把专业技能与个人对学习新事物的痴迷结合起来。如您建议的，我将和希姆·杰克逊博士取得联系，一旦联系上，我就会告知您事情的进展情况。

感谢您在百忙之中抽出时间协助我找工作。如果您有任何其他想法，请一定告知，我将谨遵您的教诲。

再次感谢您的帮助。我很快会再与您联系。

此致

敬礼！

（555）555-1234

设计师

收件人：
发件人：
抄送人：
邮件标题：保持联络

尊敬的（姓名）：

昨天下午与您交谈让我感到非常荣幸。感谢您对我寻求企业平面设计职位所提供的帮助。

我想找的这个职位通常在一家公司的市场营销或者公共关系部门里。职位名称也有很多种：设计经理、广告经理和印刷品总监等。这类工作的职责描述中几乎都包括制作和发行公司在网络上使用的以及印刷的市场营销资料。

如果您碰到任何与我的专业技能领域相匹配的需求人士，请将我具有8年以上的业务经验，包括设计、项目咨询以及为各类客户监督印制高质量资料的资历转达给他。

如果我遇到可能符合您的需要的人，我也一定会告诉您。咱们保持联络。

此致

敬礼！

（555）555-1234

教育管理

收件人：
发件人：
抄送人：
邮件标题：感谢您的推荐

尊敬的（姓名）：

正如昨天下午我们关于目前空缺的成人辅助教育职位的电话讨论中提到的，我随信附上我的简历。非常感谢您能够把这些材料转交给__________女士。

我有教育管理专业的硕士学位，以及适用于全__________州的行政监察负责人认证，还有累计四年的教学经验，我具备的实践专业知识和教育方面的资历对于引导成教学生实现其教育目标非常重要。

在引导__________社区大学的学生时，我能做到以下方面：

- 高效的倾听和沟通，具有根据学生的兴趣和需求提供个性化建议。
- 启发和激励，积极鼓励互动和参与。
- 诚心诚意以每个学生能理解的方式进行沟通，无论其技能水平或文化背景如何。

我对和成教学生共同努力感到非常兴奋，因为我知道他们之所以走进教室是因为他们想学东西。成年人会为作为导师的我带来一种独特的热情和动力，激励我，启发我。

附上我的简历供您转交给__________。我将很乐意能有机会参与面试，探讨这一职位以及加入您的教育团队的事宜。谢谢！

此致

敬礼！

（555）555-1234

欧洲、中东和非洲地区（EMEA）市场管理

收件人：
发件人：
抄送人：
邮件标题：欧洲、中东和非洲地区市场营销管理

尊敬的（姓名）：

扬·池建议我和您联系，是关于您需要一个欧洲、中东和非洲地区市场行政管理员的事宜。我有三年为欧洲、中东和非洲地区企业进行行政管理、客户服务、销售、培训和市场营销的经验，而且我的德语和法语都很流利，将有助于您在欧洲的业务开展。

附上我的简历供您查阅。我的突出特点包括：

- 持续专注于建立并维护优质的客户关系，并以成功的技巧教会他人也这么做。
- 能够随机应变地妥善解决问题，且有良好的业绩记录，比如使客户逾期超过 90 天的回款率达到 75%。
- 成熟的沟通技能，包括精通法语和德语。

我职业上的成功很大程度上取决于为团队提供支持，以及良好的内部和外部客户关系，并以独创的方式处理持续存在的问题。

如果我的资历符合您的需要（我对此很有信心），那么我随时可以安排会面。期待收到您的回复，谢谢！

此致

敬礼！

（555）555-1234

财务和社会关系

收件人：
发件人：
抄送人：
邮件标题：查利，幸好你不是我

查利，你好：

我刚刚找到了原版的瑟斯顿·埃西亚（Thurston Iasia）海报。多棒的海报啊，颜色还是那么鲜艳！不幸的是，不知道现在需要多少钱了——这就是生活！你感兴趣吗？

希望你和你的家人一切都好，你也不像我一样正在经历工作上的剧变。我不在花旗集团（Citigroup）工作了，正在积极寻找下一个工作机会。

你能否看一看附件这份老式的简历（实际上内容都是新的，都是关于最近的情况），并且告诉我你觉得我应该尝试的任何手段和方法？如果你能告诉我一些总监、职场同人和高级管理者的名字，那么我将不胜感激。你的朋友或者同事中有没有类似的岗位空缺？

我希望你能帮我好好想想。如果你想到什么，那么请一定告诉我。先提前感谢你想着，下周我给你打电话，就算没有更多消息，也可以聊聊你的海报收藏。别有压力，查利，能帮就帮。我欢迎任何建议、信息、支持和提醒，并希望很快或者将来能做出回报。

此致

敬礼！

（555）555-1234

金融专业人员，社交

收件人：
发件人：
抄送人：
邮件标题：__________建议我联系您关于财务助理一职

尊敬的（姓名）：

我最近与来自__________ __________的__________ __________交谈过，他强烈建议我给您发一份我的简历。我很高兴得知贵公司需要一位财务助理，并且我相信我以往的经历正好符合您所寻找的资历：

您的需求	我的资历
■ 三到五年建立并维护复杂金融模型的经验。	■ 在一家业绩优异的对冲基金公司具有四年的工作经验。 ■ 建立并维护复杂金融模型以协助撰写私人股本交易的投资论文，涵盖30多只股票，资产组合价值1亿美元。 ■ 用Excel制作数据表分析模型对风险因素的敏感度。
■ 学业成绩优异的教育背景。	■ 以优异的成绩毕业于__________，获得经济专业学士学位。
■ 管理多个项目并保质保量完成的能力。	■ 在快节奏的工作环境中每个月提交15~20份研究报告和备忘录。

我最大的优势在于具有清晰地与人沟通复杂财务信息的能力。我能够帮助证券投资经理将金融分析模型和深入详尽的尽职调查结果概括为简明扼要的投资论文，以便带来多项获利丰厚的投资业务。

我相信我对工作的投入、热情和创造力将使我为您的团队做出真正的贡献。希望与您进一步交谈，我将在8月的第二周致电给您跟进此事。也许您会为附件的简历感到兴奋而很快打电话或发电子邮件联系我。

此致

敬礼！

（555）555-1234

游戏行业

收件人：

发件人：

抄送人：

邮件标题：游戏的前景

尊敬的（姓名）：

今年早些时候我们在伦敦电影节见面，并互换了电子邮件，还探讨了对动画的共同兴趣及其在全球娱乐产业中日益重要的作用。

上次交谈时，您提到您的公司可能有业务发展的机会。我想让您知道我对此很感兴趣。

请查看我附上的简历，其中举例说明了我的谈判、说服和联络技能，以及运用领导力和沟通技能去促成并商定分销协议，同时我精通双语的优势也常会增进双方的了解。

如果您能把这份简历转给合适的人，并能告诉我对方的姓名和电子邮件地址以便我跟进此事，那么我将不胜感激。

您的朋友，

（555）555-1234

本地服务

收件人：
发件人：
抄送人：
邮件标题：感谢您的建议

尊敬的（姓名）：

祝贺您连任。希望您和您的家人一切都好，并且正在欢度假期。

我写信来是为了告诉您有关我找工作的进展情况。您也许还记得上次我们交谈时，我说过我正在寻找一个能提供基本福利的计时性工作，能干到我准备好退休的时候（3~5 年后）。

如您建议的，我申请了__________镇的多个职位，并和很多部门的领导联系，每次都向他们表明我的灵活性以及对为他们的部门之一的顺利运转做出有意义的贡献具有强烈的兴趣。

__________，我真心感激您至今为我提供的建议和帮助，并再次请求您，如果您认为我应该尝试其他的途径，那么请转发附件的简历，并告知我。

我相信我具备有益的技能和经验，能在任何一个需要成熟度、可靠性和投入度的职位上为他人创造价值。再次感谢您，感谢您所有的帮助，并祝您圣诞快乐。

此致

敬礼！

（555）555-1234

在教堂进行社交

收件人：
发件人：
抄送人：
邮件标题：我在教堂碰到________神父了

尊敬的（姓名）：

您说多巧。我上星期日在教堂碰到________神父了，并且得知圣·________今年3月要开设一个新的寄养部。自然而然，他又告诉我小羊羔寄养和领养服务中心（Little Lamb Foster Care & Adoptive Services）迫切需要社工以及寄养和领养顾问填补一些职位空缺。

您可能不记得我的名字了，不过也许我能帮您回忆起我们见面的情景。我在2010年5月初参加了一次由您进行的面试，应聘小羊羔________部门的寄养顾问职位。

我们详细探讨了我在________青年及家庭咨询项目的工作经历，并且达成共识，您认为我非常适合在小羊羔担任领养服务顾问这样类似的职位。但不巧的是，那个月本州和联邦的基金削减了，使您没有别的选择，只能暂停招聘。

您可以想象到，当我得知小羊羔有新的寄养项目时多么激动，我很乐意能有机会与您再次会面，再续前缘。为您方便起见，我附上了我的简历供您查阅。期待很快能与您交谈，再次表示感谢。

此致

敬礼！

（555）555-1234

前老板

收件人：
发件人：
抄送人：
邮件标题：祝贺您获得奖项提名！

尊敬的（姓名）：

祝贺您获得__________奖的提名，您实至名归。该奖项证明了您所具有的业内知名的高度专业水准。

距我们上次交谈已经有一段时间了，我想告诉您我最近做的事。我三年前加入了一家新公司，但不幸的是，从我家到公司交通不便，尤其是在冬季。而后我辞职了。悲剧的是，来到目前这家公司后，我每天在冰雪道路上需开车四个小时。上下班花费的时间让我筋疲力尽。

因此我又重新开始求职，并且想请问您是否知道任何人力资源方面的职位，能够充分运用我超过10年的工作经验。也许您还记得我在您手下工作时具有的一些优点，包括：

- 优秀的团队建设和领导技能。
- 卓越的人际交往技能和监管经验。
- 制定并实施人力资源政策。
- 招聘并雇用各种时薪制和月薪制员工。
- 具有医疗保健领域的丰富知识和经验。

您可以把我的简历转给任何可能提供合适任职机会的人，或者如果您想到任何人，打电话告诉我也行。提前感谢您的帮助。

此致

敬礼！

（555）555-1234

联系老朋友

收件人：
发件人：
抄送人：
邮件标题：很高兴联系上你，伙计！

尊敬的（姓名）：

上周在战略人力资源管理（SHRM）会议上和你交谈很愉快，更让人高兴的是，我们回忆了“过去的好时光”。

像我提到的，我最近由于公司合并被解聘了，重新开始求职。现在回复你询问的详细信息：我有15年人力资源工作经验，在一家有700个服装零售商的公司管理员工福利。

我想找一家零售行业或者服务类企业的工作机会。我的工作内容涉及养老金计划以及牙科、人寿和残障保险等方面。我曾负责管理公司福利计划的各个方面，包括记账、记录维护，并与员工和保险提供商保持联系，进行协商。

附上简历供你参考。如果你想到任何与我的技能和工作经历可能适合的情况，或者你觉得我和某人联系可能有好处，并能告诉我就太好了。

祝你在学校的第一年一切顺利。我可不羡慕你身边整天围绕着一堆青少年！

此致

敬礼！

（你的姓名）

（你的电话号码）

专业协会

收件人：

发件人：

抄送人：

邮件标题：见面喝杯咖啡怎么样？

（姓名）您好：

我们在上周的商会会议上简短交谈过，我说我会跟进这个城市正在招聘的工程管理职位。

鉴于我在工程、维修和项目管理以及运营和战略领导方面的经验，我相信我符合职位要求，并已做好准备。而且，还有什么工作是比确保我们这个城市的生活最美好更好的工作呢？

我在界定复杂的项目计划、编制预算、概述工作范围以及通过招标过程中直接招揽到合格承包商等方面相当成功。我对如何准备政府机关所需的书面文件也具有丰富的经验，与主要监管机构建立起了富有成效的合作关系，能顺利获取有关的许可证和执照，加快项目开工。

很感谢您对我详细介绍了这个项目，我按照您的建议附上了简历。我对能和您进一步探讨这个职位的具体内容感到十分兴奋。我们能否哪天上午一起喝杯咖啡？您给过我您的名片，因此我会给您的助理打电话定个时间。

此致

敬礼！

（555）555-1234

出版业

收件人：
发件人：
抄送人：
邮件标题：真诚感谢您的帮助

尊敬的（姓名）：

今天中午和您共进午餐十分愉快，感谢您百忙之中抽出时间帮助我找工作。

得知新技术正在改变出版行业的消息真让人激动，可以说我们生活在一个令人兴奋的时代。我直接跑到书店买了您推荐的那本书。

如您建议的，我将与__________取得联系，与她见面后，我会告诉您事情进展如何。

再次感谢您的帮助。您很快会收到我的消息。

此致

敬礼！

（555）555-1234

感谢推荐，还有更多机会吗？

收件人：
发件人：
抄送人：
邮件标题：感谢您的建议

尊敬的（姓名）：

感谢您昨天给我的建议，您让我思考了很多。希望您和您的家人一切都好，共同欢度假期。

我对您推荐的三家公司都做了调研并设法取得了联系。您的建议完全正确，我已经收到了戴维·约翰森的回复——知道联系人的姓名非常有帮助，谢谢您。

菲莉帕，我真心感激您给予的建议和帮助，如果您有其他这方面的灵光乍现，那么请告诉我。找工作从来就不容易，再次感谢您的所有帮助。

此致

敬礼！

（555）555-1234

附件：简历

运营副总裁

收件人：
发件人：
抄送人：
邮件标题：运营副总裁

尊敬的（姓名）：

__________建议我联系您，他认为我的经历、商业理念和风格让他想起了他去年在休斯敦听过的一位首席执行官的讲话——很明显您是那次会议的焦点人物。

我明白您也是从底层做起的。自从我在__________做机械工开始第一份工作至今已经好几年了，但我从来没有对找到更有效、更节约成本的方式去完成工作失去热情。一家机械工厂是训练批判性思维的好地方。

我一路从工头干到工厂主管、制造工程师、运营总监，并最终成为运营副总裁。我欣然去尝试每一个新想法。也许我错过了一些机会，但总体来说，我的成绩不错。以下举三个例子：

- 领导一家市值 3.4 亿的制造厂第一次申请就获得了 ISO9002 认证。
- 把墨西哥一家工厂的生产率提升了 34%，并把停工时间减少了 17%。
- 通过重建生产和物流配送系统，使利润提升了 200%。

我非常相信团队协作的力量，并能高效地与研发、工程和市场部门的专业人员共事。我的同事都对我坦率、诚恳的待人接物方式赞许有加。

工作之余，我将休假前往海湾地区做一次海钓之旅。我将在__________到达__________，希望能和您共进午餐。__________上午我将致电给您，看是否能做些安排。

请查看我附上的简历，期待与您会面并交换看法。

此致

敬礼！

（555）555-1234

网站开发

收件人：

发件人：

抄送人：

邮件标题：网站开发

（姓名），您好：

也许您还记得我们上个月 8 月 18 日和 19 日在__________举办的亚太生物学会议上偶然的会面。在我们短暂的交谈中，我和您分享了我对利用网站开发作为管理工具的想法。您也表达了对在__________医学院应用这个系统的可能性的兴趣。

我能否进行一次正式的会面探讨这个想法？

我有一些令人兴奋的且有创造性的想法，也许有助于您进一步发掘一个内容管理系统在医学院中可能产生的积极影响。如果我有幸与您共同探讨您的目标以及一个管理型内网将如何协助您实现这些目标，那么这对我们来说都将是一个好机会。

此外，基于技术的发展，信息技术界近期对于组织连续性及其可能发生的问题进行了热烈的讨论。

如果您还记得，可能知道我有网络策划和建设方面的经验，并掌握能够建立管理型内网和外网，设计以网站为基础的软件开发技术，以满足组织汇报的内部和外部需要。

附上的简历能够说明我以往的经历和专长。最近几天我将联络您，探讨和您面谈的可能性。

此致

敬礼！

（555）555-1234

领英网社交信件

领英网是职业人士使用的领先的社交网站。在领英网，所有与其他会员的联络都通过网站发送，因此每封信件的格式都很相似。由于社交网站的存在就是为了使人们能够沟通和彼此联系，你将发现这些信件既客套又职业化，并且直奔主题。

如果你认识一个人，或者以前知道他，你就可以发一个加好友邀请。但这样能找到的人可能相当有限，所以你会需要联系其他你不认识的人。这么做有两个最简便的途径：

- 通过你认识的某个人向你想认识的人发送一个加好友邀请；网站会自动向你显示谁可以帮你转介绍。
- 你可以加入特殊兴趣群组，网站上有成百上千的群组。作为一名群组成员，基于你们共同的群组成员身份，你就可以联系其他的成员了。

以下是领英网这个社交网站的会员之间发送社交信件的一些样例。

领英网：1 号社交信件

这封信是发给共同兴趣群组的成员的。

__________给你发了一条消息。

日期：2010 年 × 月 × 日

标题：交换信息吗？

__________，你好：

我在领英网搜索职位时碰巧看到了你的职业档案。我们都是 SharePoint 软件专家群组的成员，我觉得我们也许应该建立联系。如果我能为你拓展在领英的人脉帮上什么忙，那么请一定告诉我。也许我们可以聊聊并交换信息？

此致

敬礼！

你的姓名

（555）555-1234

you@email.com

领英网：2 号社交信件

领英网让你能够联系上以前认识的人。

这封信是为了重新联系以前的同事。

__________给你发了一条消息。

日期：2010 年 × 月 × 日

标题：以往的熟人

__________：

我刚好看到你的职业档案，而且觉得我应该和你联系。我们在__________公司曾经是亲密的同事，记得那时是我雇用了你。我想把你加入我的人脉，和你叙叙旧，看看我们如何能够互相帮助。

此致

敬礼！

你的姓名

（555）555-1234

you@email.com

领英网：请好友介绍联系人的 1 号信件

你可以在领英网请你认识的人帮你介绍你不认识的人。

以下是请一位领英网上的好友帮你介绍一位出色的猎头或者他人脉中的一个成员的社交信件。接下来的几封信件达到了以下目的：

有人想应聘一个招聘者手里的空缺职位。

收件人：

马丁，你好：

希望你一切都好。我看到你认识奥尔佳·奥康（Olga Ocon），她在招聘我现在的岗位，所以我想你能否把我介绍给她。请你帮我转交加好友邀请，好吗？

谢谢！

收件人：__________

发件人 马丁·耶特

奥尔佳，你好：

我认识一个很能干的软件工程师叫杰克·克莱恩斯基（Jack Krainski），他想和你联系。请见以下他发给我的消息，希望你们交谈愉快。

祝好！

发件人 __________

收件人：马丁·耶特

日期：2010 年 7 月 28 日，下午 6：18

马丁：

没问题，让杰克给我发送加好友邀请吧。实际上，如果领英网这周允许我们提及电子邮件地址，他就能直接给我发邮件了。如果他是我要找的人，我想我有个职位是他可能感兴趣的——一个在达拉斯（DFW）地区的职位。现在时机刚好合适。

领英网：请好友介绍联系人的 2 号信件

这封信请领英网上的一个联系人介绍其人脉中的一员。

__________给你发了一条消息。

日期：2017 年 × 月 × 日

标题：国家调查局（NBI）认证

你好：

我想请你把我介绍给克拉丽斯·鲁本斯坦，这样我就可以应聘她的客户之一的职位空缺了。感谢你花时间帮我做介绍。

此致

敬礼！

领英网：请好友介绍联系人的 1 号信件

这封信包括请好友介绍联系人以及给目标联系人的信息。

标题：你的建议很有用！

马丁，你好：

自从几周前开始运用你的“终极求职系列”里的做法后，我的简历的点击率已有所改观，并收到了面试邀请。美国红十字会是我最想去工作的地方，我正在设法穿越这层网络屏障，但进展并不理想。你认识鲍勃·陈，他可能帮得上忙，你能帮我转发给他一个加好友邀请吗？邀请的内容就在签名下边。感谢你所有的帮助。

（你的姓名）

鲍勃，你好：

我目前希望能进入红十字会的外勤业务组工作。现在我在疾病预防控制中心（CDC）做的就是这个工作，但是我没能找到任何能做出雇用决定的联系人。

关于招聘过程或者我怎么能找到招聘部门里的某个人，你能给我任何建议吗？非常感谢你为我提供任何信息。

此致

敬礼！

你的姓名

（555）555-1234

领英网：请好友介绍联系人的1号信件

以下是另一个包含请好友介绍联系人以及给目标联系人发消息的样例。

标题：感谢你邀请我加入你的人脉

__________你好：

马丁，感谢你接受我成为你的好友！请告诉我，你是否愿意把我签名下边的加好友邀请转发给约翰·罗杰斯？如果我能为你做什么作为回报，那么请告诉我。

谢谢！

你的姓名

__________您好：

我是一个经验丰富的运营和项目管理专业人员，具有优化运营以实现生产力和潜在利润最大化的工作经历。

请抽一些时间查看我的职业档案，如果您有兴趣和我初步交流一下，那么请告诉我。如果您能将您的电子邮件地址发给我，那么我当然会很乐意把我的简历发给您。

期待收到您的回复。

此致

敬礼！

你的姓名

领英网：直接联系

你一个月可以使用 10 封站内信（inmail）。这让你可以联系你不认识而且也无法请别人转发加好友邀请的人。请注意充分利用背景信息。

标题：与降低风险相关的问题

亲爱的杰奎琳（Jacqueline）：

我对上周在进出口银行会议上得知你的新项目印象深刻，而降低风险是我所擅长的。

我正在撰写论文，并希望能够进一步探讨你的开创性方案。是否有可能和你沟通？期待收到你的回复。

祝好！

领英网：与高层管理者联系

领英网让你可以联系到目标企业中各个层级的人员。以下是一封社交邮件，是发信人与其认证了产品的一个供应商中的一位高管联系的。

目标：国家调查局认证

__________，您好：

我是国家调查局的一个授权合作者，希望在领英网把你添加到我的好友列表里。__________和__________可以证实我的身份。

此致

敬礼！

你的姓名

领英网：给招聘者的信

目标：招聘者寻求建议

尊敬的__________：

我因父母年迈而回到了费城。我是一个资深招聘专业人员，正在寻找大费城地区的工作机会。目前我正在和几家公司洽谈，既然您是一家领先企业的招聘官，我将很乐意听取您对本地市场和企业的见解。我希望我们能有机会在这个方面交流一下，可否？

此致

敬礼！

你的姓名

叙旧信件

分析师

收件人：
发件人：
抄送人：
邮件标题：缺分析师吗？

尊敬的（姓名）：

我肯定是最早跟您探讨分析师职位招聘事宜的人之一，因为那时候您似乎对此很感兴趣，就和我一样。不过，当我再给您打电话时，您已经接到了太多关于这个职位的问询电话，而分不清谁是谁了。我可以理解，因此我希望我能唤起您的记忆，更重要的是唤起您的兴趣。

我具有扎实的编程和项目开发经验，至今已经从事网络应用方面工作七年了，最近三年尤其关注电子商务。更棒的是，我的爱好就是我的工作——我们都谈到了过去自己组装电脑的经历。

我附上了一份简历供您详查。以防您不想阅读所有的细节，我现将内容概括如下：

- 七年网站开发工作经验。
- 三年电子商务工作经验。
- 两年电子商务和子公司整合工作经验。
- 两年各种云基础应用工作经验。

期待能再次与您交谈，请随时拨打（555）555-1234与我联系，或给我发电子邮件。

此致

敬礼！

附件：简历

猎头

收件人：

发件人：

抄送人：

邮件标题：您在寻找的管线管理人员

尊敬的（姓名）：

我在管线管理领域具有相当丰富的经验和业绩。我正在寻找一个能充分发挥随附简历中的经验和能力的管理岗位。我可以接受在美国本土及海外任何地区工作。

我曾经给您发过简历，但是我知道有时候这些信件会寄丢。如果您手里有任何职位空缺，那么我将很乐意与您详细探讨。谢谢！

此致

敬礼！

（555）555-1234

附件：简历

招聘会人员

收件人：
发件人：
抄送人：
邮件标题：感谢您的建议

尊敬的（姓名）：

首先，我想感谢您 8 月 4 日在底特律会议中心的招聘会上抽出时间与我交谈。您让一位助理接收了我的简历和电话号码。

在那一小段时间里，我向您介绍了我的资历以及我对您正在招聘的质量保证（QA）职位的兴趣。我不仅具有您所要求的资历，还在贵公司的直接竞争对手那里工作过。

考虑到这一点，附上我的简历供您查阅。概括来说：

- 我具有在技术制造领域的质量保证岗位工作的丰富经验。
- 我是一个可靠且敬业的专业人士——我们都是质量保证协会本地分会的成员。
- 我目前就职于这个专业领域。

这份简历只能简略说明我的情况，纸上谈兵无法替代当面的交谈。因此，您可否考虑让我参加一次一对一的面试，以便您能从您的角度评估我的资历、能力、动力和热情？

贵公司的职位是我想争取的，贵公司的职位也是我完全能够胜任的，贵公司是一家我一直渴望加入的公司。您能否查看附件的简历，然后给我打电话或发电子邮件安排一次会面？

期待很快能再次与您会面，谢谢！

此致

敬礼！

（555）555-1234

附件：简历

请记得我

收件人：
发件人：
抄送人：
邮件标题：人力资源总监人选

尊敬的（姓名）：

祝贺您找到了新的人力资源总监！希望这位新人能满足并超越您的期待。

我很高兴能有机会申请这个职位，并很感激您在此过程中对我的考虑。尽管我对没有成功入选感到些许失望，但我仍然对能加入贵公司感兴趣。

如果出于任何原因，或者在任何时候，这个职位又空缺了，请你记得我仍然很有兴趣应聘。

我相信以我在人力资源领域的七年工作经验，以及我的组织能力、沟通能力和灵活性，我将是个出色的人才。期待再次与您交谈，谢谢！

此致

敬礼！

（电话号码）

升降式车辆驾驶员或新技能

收件人：
发件人：
抄送人：
邮件标题：还记得12月23日那场暴风雪吗？

尊敬的（姓名）：

我们12月23日在那场大暴风雪中见面，并进行了一次关于升降式车辆驾驶员职位的面试。在那以后，我已经获得了商业B级（CDL-B）的学习驾照，可以载客及驾驶气闸车辆。

假期来了又过去了，考虑到我们会面时正值假期临近且天气不佳，我想我现在应该和您跟进此事了。

我写信来再次重申我对升降式车辆驾驶员这个职位的兴趣，并希望很快能和您安排进一步的面试。期待很快与您交谈。

此致

敬礼！

（555）555-1234

附件：简历

头绪混乱

收件人：
发件人：
抄送人：
邮件标题：头绪混乱？

尊敬的（姓名）：

我肯定是最早和您谈论关于程序员招聘启事的人之一，因为那时您和我一样似乎很感兴趣。不过，当我再给您打电话时，您已经接到了太多关于这个职位的问询电话，分不清谁是谁了。这很正常，所以我希望我能唤起您的记忆，更重要的是唤起您对我的兴趣。

我具有在Windows和苹果麦金塔系统下编程和项目开发的深厚功底，并且从事网络开发应用工作五年了。让人羡慕的是，我的爱好就是我的工作。

您对儿童软件有想法，并认为家里有孩子会有助于开发这类软件。您问过我是否有孩子，我的确有孩子：两个女儿，一个四岁半，一个四个半月。

我的大女儿在我家的麦金塔系统上使用__________，不用我或者我妻子帮忙就能点这点那。她从“玩”中学到了很多，已经比我想得更会用电脑了。我们需要更多像__________这样的软件来激发孩子们的想象力。

附上一份简历供您详阅。不过以防您不想查看所有的细节，以下是内容概括：

- 六年Windows系统编程和开发经验。
- 三年麦金塔系统编程和开发经验。
- 目前在__________公司担任麦金塔系统编程的高级程序员。
- 两年云基础应用的丰富工作经验。

期待与您再次交谈，请随时拨打（555）555-1234或发电子邮件给我。

此致

敬礼！

（555）555-1234

联系人脉

收件人：
发件人：
抄送人：
邮件标题：欧鲁尔克神父向您问好

尊敬的（姓名）：

您可能不记得我的名字了，不过也许我能帮您回忆起我们见面的情景。我在 2010 年 5 月初参加了小羊羔机构寄养顾问职位的一次面试。我们进行了两次不错的面试，但是那个月的基金削减，使您没有别的选择，只能暂停招聘。

我上周碰到欧鲁尔克神父，并且得知本市几个月后将开设一个新的寄养部，而您主管这项方案。自然而然，他又告诉我新部门迫切需要社工以及寄养和领养顾问。他提到了您的名字，我想起来我们见过面，他建议我和您联系并转达他的问候。

我们详细探讨了我在教堂青年及家庭咨询项目的工作经历，并且达成共识——我非常适合在您带领的新项目中担任领养服务顾问这类职位。

我很乐意能有机会与您再次会面，再续前缘。为方便起见，附上我的简历供您查阅。期待很快能与您交谈。

此致

敬礼！

附件：简历

新招聘预算开放

收件人:
发件人:
抄送人:
邮件标题:《萨班斯—奥克斯利法案》第 404 条款和反虚假财务报告委员会发起人委员会(COSO)框架

尊敬的(姓名):

我们几个月前交谈过,那时您还没有招聘新审计人员的预算,所以您建议我们保持联系,我写信来想问问您现在是否还需要审计人员。

提醒您一下,我是一名内部审计员,也是一名对科技部门高度矩阵化的共享服务具有丰富经验的运营风险管理女性从业者。我还是依据《萨班斯—奥克斯利法案》第 404 条款对企业进行考察并依据反虚假财务报告委员会发起人委员会框架进行内部控制评估的关键人员。我的优势包括:

- 应用反虚假财务报告委员会发起人委员会框架评估企业内部控制。
- 发现企业内部控制的漏洞。
- 依据《萨班斯—奥克斯利法案》第 404 条款对企业进行考察。

我附上的简历应该能够说明,我在高度矩阵化的科技企业中获得的这些资历使我十分符合贵公司的审计和运营风险管理职位的需要。我很高兴能和您联系上,并期待有机会让您了解我能如何使您的团队更深入、扎实地工作。我的电话是(555)555-1234,期待与您交谈。

此致

敬礼!

(555)555-1234

运营经理

收件人：
发件人：
抄送人：
邮件标题：您的话完全正确！

尊敬的（姓名）：

四个月前您和我讨论过您在诺斯菲尔德机构（Northfield）的运营经理一职，您还安排了我进一步参加那个机构管理层的面试。那时我正在四处寻找工作，之后不久，我就接受了__________的职位。

您提醒过我那家公司的问题，但是我得亲身经历才能明白“闪光的未必都是金子”这个道理。您说我在那个环境中会遇到困难是完全正确的。我应该更有耐心一些，但是我有家庭，被解雇后有责任尽快恢复工作。

如果您那里还有类似的职位空缺，那么我希望能重新和您讨论入职可能，如果目前没有，那么一旦有空缺请先把我作为候选人加以考虑。附上我的简历，希望我们能会面。过几天我会给您打电话跟进。

此致

敬礼！

（555）555-1234

附件：简历

叙旧

收件人：
发件人：
抄送人：
邮件标题：让人难忘的会面！

尊敬的（姓名）：

感谢您上周为社区团队主管的职位面试了我。我由衷地感激能有机会和您探讨对相关项目的愿景。

虽然最终这个重要的职位选择了另一个应聘者，但我仍然很高兴成为最终被考虑的几名候选人之一。

我相信我在__________市九年的工作经验使我具备了丰富的知识和专业技能，也许在本市类似的职位上将得到有益的发挥。

此外，如果您觉得我的能力有助于在其他岗位上推进本市的目标，我也很乐意成为候选人。如果出现其他能够发挥我的才能的机会，那么也请您把我列入考虑范围。

期待收到您的回复。

此致

敬礼！

（555）555-1234

任职同意书

接受职位：马上入职

收件人：
发件人：
抄送人：
邮件标题：市场公关部经理工作邀请

尊敬的（姓名）：

感谢您聘用我成为市场公关部经理。我很高兴接受您的工作邀请，并期待能马上入职，开始着手我们在甄选过程中探讨过的项目。我们都认为核心产品线的销售预测和策略性市场规划是重中之重。

我为您选择我带领您的市场公关人员而感到荣幸，我完全有信心能够实现我们讨论过的结果。

根据您的指示，我周一上午会和人力资源部门联系，安排入职介绍会议的时间。期待与您会面以制订工作计划，也许可以安排在我入职介绍会议后的午饭时间？

此致

敬礼！

（555）555-1234

延迟入职

收件人：
发件人：
抄送人：
邮件标题：__________工作邀请

尊敬的（姓名）：

我想向您对我发出的在您的部门担任__________职位，起薪为每年__________美元的工作邀请表示感谢。

我对您在__________的团队和设施都印象深刻，写信来是为了确认我接受这个职位。如果您能接受的话，那么我将于__________月__________日入职。我需要提前一段时间辞职，然后想花两周的时间回印度金奈看望我的父母。希望您能同意。

请允许我再次表达对您邀请我来工作的感激之情，我对成为您__________的员工感到非常激动。我非常期待与__________共事，也相信我能够达到您的期望。

此致

敬礼！

(555) 555-1234

很高兴接受工作邀请

收件人：
发件人：
抄送人：
邮件标题：很高兴接受这个工作邀请并加入团队

尊敬的（姓名）：

我想感谢您给予我作为__________ __________成为您的员工这份荣耀。很感谢您在我们反复谈判的过程中表现出的灵活性和配合度。感谢您让这个具有不确定性的过渡时期变得如此顺畅。

按照您的要求，我撰写了以下信件作为我的正式确认函。

“由于贵公司是我之前就职公司的竞争对手，并且贵公司希望在行业内保持良好的声誉和高度的诚信，为此我郑重声明，贵公司或贵公司的任何代表都没有邀请我应聘贵公司的职位。是我本人得知了贵公司职位空缺的信息，完全出于我对贵公司的认同，才决定辞去高级主管的职位，加入贵公司担任管理顾问。”

如果对此事我还能提供其他的说明，或者有助于维护贵公司的道德规范，那么请在您方便时告知我。期待于__________月__________日开始与您的团队共事。

此致

敬礼！

（555）555-1234

无侵权协议

收件人：
发件人：
抄送人：
邮件标题：入职日期

尊敬的（姓名）：

感谢您给我这个机会作为__________加入您的团队。我非常感激您在我们沟通中表现出的灵活性和配合度。感谢您让这个具有不确定性的过渡时期对我和我的家人来说变得如此顺畅。

按照您的要求，我撰写了以下信件作为我的正式确认函。

“由于贵公司是我之前就职公司的竞争对手，并且贵公司希望在行业内保持良好的声誉和高度的诚信，为此我郑重声明，贵公司或贵公司的任何代表都没有邀请我应聘贵公司的职位。是我本人得知了贵公司职位空缺的信息，完全出于我对贵公司的认同，才决定辞去高级主管的职位，加入贵公司担任管理顾问。”

期待 10 月 27 日开始与您的团队共事。

此致

敬礼！

（555）555-1234

接受研发职位

收件人：
发件人：
抄送人：
邮件标题：接受研发副总裁职位

尊敬的（姓名）：

我理解并接受您在聘书中说明的雇佣条件，并正式接受您对于我加入贵公司担任研发副总裁的工作邀请。

我本周会联系您的人事部门，请他们告诉我在入职前需要提供哪些书面文件。此外，我还会安排一次投保所需要的体检。如果您能转发给我任何您觉得能帮我加快这个进程的相关文件，那么我将不胜感激。

昨天我已经提交了辞呈，并谈好了双方都能接受的四周后离职的期限，这样我就有充足的时间完成手头的业务，做好人员安排，并准备好在我们商定的从今天算起的六周后，也就是 3 月 22 日入职。

我迫切盼望加入您的团队，期待更多新的挑战。您和您的董事会以及您的员工在整个招聘过程中都表现得非常专业和热心。感谢您的信任和支持。

此致

敬礼！

（555）555-1234

协商函

申请提高薪资待遇

收件人：
发件人：
抄送人：
邮件标题：有关运营管理的问题

尊敬的（姓名）：

感谢您邀请我加入公司。我查看了您在 2017 年__________发给我的职位和薪资说明文件。我知道我的技能将对公司的领导层起到辅助作用，我的所有工作能力和良好的判断力将使高级管理层专注于新的业务开发，并实现对大家都有益的企业目标和宗旨。

但在给您发送正式的任职同意书以前，我想再明确几件事。我相信这样做能使我们双方都在更清楚我们共同的目标和期望的情况下开启合作。

我接受您提供的以下福利待遇：

- 401（k）计划。
- 带薪休假和个人假期计划。
- 工资直接存款（Direct Payroll Deposit）计划（可选）。
- 医疗、牙科、视力、医药和人寿保险福利。

需要明确的事项有：

- “股票期权”的具体内容有哪些？
- ABC 员工的“标准工作时间”是什么？
- 是否有可能每六个月进行一次“绩效评估”？

最后，按照医疗福利“实报实销”的原则，我们能否达成基础年薪__________美元的协议？我可以接受各种不同的薪酬方案以实现这个目标，包括利润分红、佣金或者 5% 的年度奖金设定。

我非常看好加入您的团队后的良好前景。再次感谢您慷慨的薪酬福利安排。期待能够尽快确定这些小细节。

此致

敬礼!

（你的姓名）

（你的电话号码）

一个关于佣金的问题或谈判薪资

收件人：
发件人：
抄送人：
邮件标题：关于__________的工作邀请

尊敬的（姓名）：

我查看了您的来信以及具体薪酬明细。我觉得在给您发正式的确认函之前，有几点需要确认一下。我认为需要确认的项目都不至于影响我们的合作，同时也都不是我们不能进一步沟通的。

我最担心的是，佣金构成不是我以往所熟悉的工资加佣金的形式。从现实的角度考虑，我在起步阶段需要一些资金：我需要一段时间达成销售、落实回款，并撑过会计和支付系统所需要的周转期。我需要一些资金上的支持，还因为我要从以前每两周收入的模式转变为每月收入的模式。

我希望根据行业惯例，您能承担一部分启动成本。因此，我想请求您前两周直接支付工资，然后直到 90 天试用期结束前，都采用佣金提成的方式。

第二点需要明确的是和 401（k）计划有关的，包括百分比、时间安排和条款。这些我们可以在接下来的两周内探讨。您也可以转给我一些具体的书面文档。

在说明了以上两点后，我想告诉您我明天上午会见我们公司的企业主，讨论我的辞职流程。为对他以及对我目前负责的客户公平起见，我需要 21 天以后才能全职为您工作。

我希望下周我们能安排一天共进晚餐，以便我们在不那么正式的氛围下谈一谈。

期待将来的一切。

此致

敬礼！

（555）555-1234

细节决定成败

收件人：
发件人：
抄送人：
邮件标题：行政管理工作邀请

尊敬的（姓名）：

我很激动收到加入贵公司担任首席营销官（CMO）的邀请。不过，在给您发正式的任职同意书前，有几点我需要先明确：

- 保险福利的详细说明。
- 对公司股票和 401（k）计划的实际分析。
- 对教育补偿津贴的书面说明。
- 工作调动计划看上去很合理，但我想了解关于长期工作方面的详情。
- 搬迁费用是一种定额的补贴还是根据实际发生的搬迁费用进行补偿？我需要缴纳哪些税款，公司会负担吗？
- 可变薪酬计划的详细说明。

一旦弄清楚以上问题，我便会尽快提交辞呈，并告知您我正式入职的日期。

此致

敬礼！

（555）555-1234

工资太低

收件人：
发件人：
抄送人：
邮件标题：法务会计工作邀请

尊敬的（姓名）：

收到加入贵公司担任法务会计的邀请让我很激动。这个职位和工作职责符合我的职业目标，我为获得这个机会感到由衷的高兴。

不过，还有一个问题我们需要解决：我们交谈时，我告诉过您我在上学期间兼职工作能赚__________美元，而贵公司提供的薪资较之降低了，相当于给我减薪了。

这个工资数确实无法为我解除经济负担。我对这个工作的确很感兴趣，但是如果工资少于__________美元将使我很为难。

希望我们近期可以探讨这个问题，相信我们很快能够共事。

此致

敬礼！

（555）555-1234

薪资低于行业标准

收件人：
发件人：
抄送人：
邮件标题：数据中心专家工作邀请

尊敬的（姓名）：

感谢您的工作邀请。贵公司基于庞大的三星服务器组建的最先进的数据中心使我能够大施拳脚，并在这个不断发展的行业中获得职业发展。这份工作充满挑战，需要高度的专业性投入，而我非常乐于投身其中。

作为数据中心专家，我认为我在技术层面和非技术的管理层面的沟通技能对于事业成功与否至关重要。我知道，技术只有能够转化为用户有效性，才是真正有用的。我的专长涵盖了对这个职位非常重要的一些因素，相信到现在，我的推荐人已经向您证实了这一点。

不过，我们行业中这类职位的薪资范围通常为__________美元到__________美元。我想建议我们重新考虑是否把__________美元作为起薪。当然，我很感激您提供的慷慨的福利待遇，但还是希望能够提高起薪，以符合行业标准。

期待收到您的回复，希望我们能够达成协议，以便我在6月4日能够入职。

此致

敬礼！

（555）555-1234

拒绝信

部门经理

收件人：
发件人：
抄送人：
邮件标题：部门经理职位空缺

尊敬的（姓名）：

我想利用这个机会感谢您上周面试我，虽然我非常感激您请我担任部门经理一职，但是我必须遗憾地谢绝这个机会。我已经在管理层工作了七年，我相信我在一个能承担更多职责的岗位上可以最大限度地发挥我的技能。

正如我们探讨的，我非常期待能够等到 1 月再次探讨我作为区域部经理能如何做出贡献——那是一个我能全身心投入的工作！新的一年就快到了！

顺致商祺。

（555）555-1234

行政助理

收件人：
发件人：
抄送人：
邮件标题：行政助理工作邀请

尊敬的（姓名）：

非常愉快能和您见面探讨您需要一位行政助理的有关事宜。我们共处的时光让人激动且增长见识。

正如我们见面时讨论过的，面试的主要目的就在于评估这个人和这个职位的匹配度，并探索双方共同感兴趣的领域。在我们面谈时，我的求职进展顺利，并且已经差不多找到心仪的工作了。

由于我现在已经接受了一个适合我的资历和经验的职位，我必须请您把我排除在考虑范围之外。感谢您面试我，并且让我有机会更多地了解贵公司的运作。您有一个优秀的团队，与您共事我将很愉快，也许未来我们还有机会合作。

祝愿您和您的员工一切顺利，期待将来再次会面。

此致

敬礼！

（555）555-1234

策略经理

收件人：
发件人：
抄送人：
邮件标题：策略经理工作邀请

尊敬的（姓名）：

感谢您让我担任策略经理一职。我对您给我的这个机会以及前几周和您、刘易斯、杰米、康妮、罗伯特见面感到万分激动，感谢您花时间考虑我是否适合贵公司的这个职位。

这对我来说也是个相当难做出的决定，因为我对贵公司良好的信誉非常仰慕，尤其是我可能加入的客户关系管理（CRM）团队。在我作为贵公司圣克拉拉分公司的临时雇员时，贵公司在各个方面都给我留下了美好的印象。

不过，我已经决定接受一个更符合我短期职业规划的职位。祝愿您和客户关系管理团队取得更大的成功。我真心期望我们能保持联络，并在未来有合作的机会。再次表示感谢。

此致

敬礼！

（555）555-1234

拒绝电信分析师一职，想做更重要的工作

收件人：

发件人：

抄送人：

邮件标题：关于电信分析师的讨论的回复

尊敬的（姓名）：

感谢您给我发电子邮件，告诉我有关我们在近期的电话沟通中谈到过的电信项目的最新进展。

我衷心地感谢您考虑我担任团队主管一职，但目前我感到我最大的兴趣在于找到一个更符合我所具备的经验、取得的成绩以及表现出的管理才能的职位。

我们的会面无论从专业角度还是个人角度来说，都是令人愉快的，我仍然对贵公司的工作机会最感兴趣。我想请您在有其他更能充分发挥我的学识和专长的职位时，把我列入考虑范围。再次表示感谢。

此致

敬礼！

（555）555-1234

营销副总裁

收件人：
发件人：
抄送人：
邮件标题：谢绝工作邀请

尊敬的（姓名）：

我很高兴能与董事会和招聘委员会见面，探讨有关营销副总裁一职的事宜。贵公司给我留下了非常美好的印象，我相信如果我担任这个职位，将会做出超出您们预期的贡献。

不过，我得请您把我的名字排除在进一步考虑范围之外。最近我得到了一个具有挑战性且回报丰厚的机会，对我目前的职业发展来说十分完美。这个职位的入职时间也非常合适（您知道我已经提交辞呈，这周五是最后一天工作），因此我马上就做出了决定，我已经选择接受这个工作邀请。

我仍然对贵公司的国际业务印象非常深刻，并非常希望和您保持联络，也许未来我们还有机会沟通。祝您的招聘工作一切顺利，再次表示感谢。

此致

敬礼！

（555）555-1234

辞职信

你会发现所有这些辞职信样例都是以传统书信而不是电子邮件的方式而写的。这是因为发电子邮件辞职是非常不合适也不专业的，当面提出辞职才是正确的做法。正如我们之前提到过的，到目前为止，应对这种尴尬情形最轻松的方式就是请求一次会面，并把信件打印出来，装进信封里。

走进房间，坐下，交出信件，然后让你的经理读信。你的辞职信如果包含以下样例中的措辞，就能确保接下来良好的谈话氛围，并使谈话的重点不离工作交接过程。

物流

约翰·辛格
物流主管

（日期）

尊敬的（姓名）：

请允许我辞去__________（职务）一职。我已经接受了一个位于俄亥俄州的（职务）职位。我希望这一变化对一直支持我的人来说影响不大。在您读完这封信之后，我们可以探讨出一个双方都能接受的离职日期，以及在此日期之前我还需要完成哪些工作。

我已经准备好相关文件，让您能够维持日常运营，直到找到一位合适的继任者。考虑安杰拉·西契尼作为临时主管会比较好，您可能会发现她也非常适合长期接替我的职位。

我是在花了很长时间仔细考虑了会影响公司、我的家庭和职业等所有因素后，才做出辞职决定的。虽然我对不得不离开这里的很多朋友而感到遗憾，但我觉得这个变化对各方都是有益的。

最后，我想对您和整个董事会表达真诚的感谢，感谢您这些年的支持、配合和鼓励。我将永远铭记在__________的日子，以及在这里我所获得的个人成长以及无数的友谊。

我希望我们能够心平气和地分别，最重要的是，您和我仍然能够保持联络。

本人敬上。

（555）555-1234

辞去管理信息系统部门的第一份工作

收件人：约翰·史密斯

商业分析员

非常重要公司

发件人：

抄送人：

标题：辞职通知

尊敬的史密斯先生：

这封信是告知您我想从__________起辞去__________的职位。

为了实现我为自己设定的职业目标，我已经接受了另一家公司更高级别的系统操作员职位。那个职位将使我有机会更深入参与到建立网络系统的技术层面工作。

我在这里的工作非常愉快，我想感谢您以及管理信息系统部门的其他同事一直以来给予我的鼓励和支持。

请放心，为了让我的离职对部门的影响最小化，我乐意帮忙培训新员工或者以其他任何形式提供协助。

祝愿每个人未来一切顺利。再次感谢您让我进入我所热爱的行业，我将永远尊敬您，__________。

此致

敬礼！

（你的姓名）

辞去护士一职，同时留有余地

卡拉·戈麦斯

（日期）

尊敬的（姓名）：

请接受此信作为我正式辞去__________医院按日结算、随叫随到的危症监护病房（CCU）护士工作的辞呈。本来从4月7日开始我就会成为长期兼职员工。然而，在此期间，我接受了另一家医疗保健机构的长期全职工作。

我的梦想就是成为贵院的全职员工，但是贵院要求必须首先有全职工作经验，因此我需要接受这个工作机会。我希望将来有一天能有机会再为贵院工作，承担一份全职工作。在此之前，感谢您给我这个成为您团队一员的机会。

此致

敬礼！

卡拉·戈麦斯

要求辞职

收件人：The Other Place（美国某机构名）

雪莉·琼斯，注册护士

悲悯慈善修女会医院

发件人：

抄送人：

标题：要求辞职

尊敬的琼斯女士：

按照护士长__________的要求，我提交此信作为我正式辞去__________医院按日结算、随叫随到的危症监护病房护士工作的辞呈。本来从4月7日开始我就会成为长期兼职员工。然而，在此期间，我接受了另一家医疗保健机构的长期全职工作。

4月3日我见到了人力资源专员__________，并告知她我的决定。我向她表达了履行我之前承诺的意愿，并了解到我对工作时间灵活性的需求会得到考虑。__________联系了__________并就我的问题讨论另一种雇佣安排方案。然后，我的工作状态就从长期兼职变成了按日结算、随叫随到。

在我完成了两周必需的岗前培训期后，马上就面临时间安排冲突的问题。这里显然存在沟通误解，因为我被安排在4月21日到25日进行楼层巡视。我去找了护士长__________，以期解决矛盾冲突，但我发现她完全不了解我的情况以及我和人力资源__________达成的协议。因此，我只能提出辞职申请了。

__________，我并不想给您的管理制造麻烦，因此，请接受我为造成的不便表达歉意。感谢您给我这个机会成为您团队的一员。

此致

敬礼！

（你的姓名）

（你的电话号码）

工作 10 年并建立良好关系后辞职

收件人：
发件人：
抄送人：
邮件标题：一个新的开始

尊敬的（姓名）：

正如我们今天上午所讨论的，我写这封信作为从__________辞去__________职位的辞呈。从__________开始，我将在__________的__________职位上开始一份新工作。

过去 10 年，在__________的工作让我获得了个人成就感和巨大的职业成长，我非常感激您为指导我发展所做的一切，以及营造的团队凝聚力和积极向上的工作氛围。

我为能在您的指导下做出的成绩感到自豪，但是现在我该选择一个新的方向了。做出这个决定并不容易，但我相信，这个新的挑战代表着我向实现长期职业目标迈出了积极的一步。

再次感谢您对我的所有支持。祝愿您一切顺利，公司蒸蒸日上。我将满怀欣喜和崇敬铭记我的同事们和公司。

此致

敬礼！

（你的姓名）
（你的电话号码）

销售代表

达斯廷·陈

(504) 495-0538

路易斯安那州巴顿鲁日市 70518　　Dustin.Chen@mountain.com

日期：
收件人姓名：
职务：
公司名称：
地址：

尊敬的（姓名）：

请接受我从 1 月 25 日开始辞去大都市区销售代表的职务。我提前两周提出辞呈，以便于我负责的区域能够在交接期也能得到有效服务，尽可能少给客户造成不便。

感谢您为我做的销售培训，在您的领导下工作很愉快。很大程度上正是因为在您的团队中获得了丰富的工作经验，我现在才能去追求在培训与发展方面的成长机会。

在接下来的两周时间里，我很乐意以各种方式协助本部门尽快顺利度过交接期，包括协助招募并培训我的继任者。如果在此以后，我能为您或我的继任者提供任何帮助，也许是说明关于某个具体的客户的情况，那么我会非常乐意帮忙。如果需要我做什么，那么也请告诉我。

再次声明，在您的团队工作让我感到万分荣幸。我将铭记这个团队，尤其是您的引领和指导，并对此充满怀念。希望我们保持联络。

此致

敬礼！

系统操作员

本基·贝尔加莫

俄亥俄州莱克伍德 C 大街 3487 号 44107　　（330）278-8976

b.berjemo@Reamemcovertraxx.com

---

1 月 4 日，2017

尊敬的（姓名）：

这封信是为了告知您我将辞去公司里的职位。由于需要提前两周辞职，我的最后一天工作日将是＿＿＿＿＿。

我在这里工作非常愉快，感谢您一直以来给我的鼓励和支持。只要能让我的离职对部门的影响最小化，我乐意帮忙培训新员工或者以其他任何形式提供协助。

我已经接受了另一家公司更高级别的系统操作员职位，那个职位将使我有机会更深入参与到建立网络系统的技术层面工作。

感谢您带我进入我所热爱的行业，我将永远尊敬您。

此致

敬礼！

BB

感谢信

我找到工作了，感谢你帮忙

收件人：
发件人：
抄送人：
邮件标题：我找到工作了，感谢你帮忙，谢谢你，杰克（Jack）

亲爱的（姓名）：

我希望你是最早一批得知我的求职之旅已经圆满完成的人。我已经接受了__________有限公司的__________职位，工作地点在__________。

感谢你在过去几个月中为我提供的所有帮助和支持。你为我这段艰难的求职之路提供了太多的帮助。期待与你保持联络。如果将来我能帮上你什么忙，那么请一定告诉我。谢谢！

此致

敬礼！

（555）555-1234

你的姓名

感谢你

收件人：
发件人：
抄送人：
邮件标题：贾尼丝，感谢你的帮助

亲爱的贾尼丝：

我希望你是第一批得知我艰难的求职之旅终于结束了的人。我已经接受了__________有限公司的__________职位，工作地点在__________。

我真心感谢你在过去几个月给予我的指引和支持，让我痛苦的求职过程变得好过许多。如果将来我能帮上你任何忙的话，那么请一定告诉我。保持联络，感谢。

此致

敬礼！

（555）555-1234

感谢你

收件人：
发件人：
抄送人：
邮件标题：你说得对，我终于做到了！

亲爱的（姓名）：

我很高兴地告诉你，就在劳动节后我收到并接受了一份工作邀请，我在__________开始工作了，并担任__________。

我的职责包括负责全球所有__________软件（总分类账、应付账款、应收账款、固定资产），同时还负责一些新入职员工第一年的培训。我很乐意接受这些新的职责，并且恢复了全职工作。我对幸免于裁员的一条建议就是：如果你听到公司削减开支的传言，那么一定要相信。我就是因为一项裁员750人的政策而下岗的，而在我们那个小城，等其他公司接收这么多人，简直难于登天……这都是因为我相信了人力资源部门三个月前告诉我"不会裁员"的话。

感谢你在我的求职过程中提供的帮助，以及你的理解和鼓励。在一些艰难时刻，那些很重要。谢谢你，兄弟。

如果有任何事是我能为你效劳的话，请一定给我打电话。祝愿你和你的家人节日愉快，在新的一年里一切顺利、幸福美满。

此致

敬礼！

（555）555-1234

网络资源

本节列举的都是真正的终极网络资源。以下链接包含 22 个求职和职业生涯管理类别的网站。

在这些网络资源中，你将找到巨大的职位库——18 个主要行业的专业性网站，专业协会、职场新人、管理层和少数人群相关的网站，等等。你会发现能帮你找到公司、管理者、以往同事的工具，以及帮助你选择新的职业方向或者找到一个特别称职的专业简历写手、职业或工作教练的网站。

为了节省时间，你可以访问 knockemdead.com 网站，在那里你可以点击每项资源并直接跳转到那个网站，而不必没完没了地输入网站地址！

协会网站

www.ipl.org

这是一个网上公共图书馆。这里有很多搜索服务是你在找工作时可能派上用场的。这个链接能直接带你进入一个专业协会的网上目录。

www.weddle.com

皮特·韦德尔（Peter Weddle）的就业服务网站也提供了一个全面的网上专业协会目录。

职业和工作教练

www.knockemdead.com

马丁·耶特，注册人事顾问，高级职业策划师

电子邮件：martin@knockemdead.com

该网站通常会协助在求职、面试和职业策略等方面面临挑战的管理级以及准管理级专业人士。

www.phoenixcareergroup.com

该网站是一个集结了经验丰富且有资格证书的教练的私密协会，受邀才能加入，我是其成员。我认识所有这个协会中的专业顾问，并很荣幸与其中大多数人私下相识。他们是你能找到的最佳人选。

www.certifiedcareercoaches.com

一个只提供有资格证书的教练的网站。

www.certifiedresumewriters.com

一个只提供有资格证书的简历写手的网站。

职业评估

www.assessment.com

这是一个能把你的兴趣与职业方向相匹配的职业选择测试网站。我使用这个测试网站多年了。

www.crgleader.com

www.careerplanning.about.com

该网站能够链接到一些职业规划和职业选择工具，列出的第一个免费的职业选择测试通常都不太准，但它能提供其他很好的资源。

www.analyzemycareer.com

这是一个条理清晰且非常全面的职业选择在线测试网站。

www.careerplanner.com

已建立在线业务的基于霍兰德兴趣类型（RIASEC）的职业选择测试网站，价格合理。

www.careertest.us

www.livecareer.com

网站主页上说这个网站是免费的，其提供的免费报告一般，不算很深入。要想获得完整报告，你得支付 25 美元，而且还有高级选项，但不花上 30 分钟做完测试你是不知道有这些选项的！虽然爱耍花招，但这个网站还是能提供一份不错的职业选择测试以及综合报告的。

www.princetonreview.com

该网站会提供一份 40 美元的网上测试。这是一份很可靠的测试，网站也很简便易用。

www.rockportinstitute.com

适合各年龄段人士的优秀的职业选择测试网站。其定价根据测试者的收入浮动收取，对于年收入少于等于 4 万美元的人收取 1 500 美元。

www.self-directed-search.com

这是由约翰·霍兰（John Holland）开发的知名的职业兴趣测试（SDS）网站。只要花 9.95 美元就能进行一次广受好评的测试，非常划算。

职业选择和管理网站

www.acinet.org

该网站通过为各个级别的求职者做测试而为其提供职业选择和进一步发展建议，能为提升你的专业资历提供优质的信息。

www.phoenixcareegroup.com

这是一家按小时收费的高端网站，有经验丰富、资历深厚的职业顾问提供咨询建议。

www.quintcareers.com

该网站提供就业和求职建议。

www.rileyguide.com

该网站是一个能提供求职和职业管理建议的优秀网站，已经建立多年，由真正用心的人运营。

职业转换

退伍军人

www.corporategray.com

www.taonline.com

该网站帮助退伍军人求职。

其他职业转换

www.careertransition.org

该网站用于已离开之前的行业的跳槽者。

大学毕业生和初级员工的网站

www.aleducation.com

该网站为大学生和研究生提供实用的目录和链接，提供面试准备、助学金和求职建议。

www.aboutjobs.com

该网站为大学生打工、实习，应届毕业生、外籍人士和勇于尝试新事物的人提供链接和线索。

www.aftercollege.com

该网站提供实习和合作机构的信息、兼职和新入职的信息、博士和博士后的信息、教学工作机会，还有校友的联系方式。

www.backdoorjobs.com

该网站提供短期、兼职工作机会和理想的工作。

www.blackcollegian.com

该网站是黑人大学生和应届毕业生求职的首选网站，针对年轻职场人士关心的领域提供优质且理性的建议。

www.campuscareercenter.com

该网站提供从校园进入职场时人脉方面的求职和就业指导。

www.collegecentral.com

这是一个为中小社区大学的毕业生提供网络社交的网站。

www.collegegrad.com

这是一个布局严密、信息全面的网站，充满了适合初级求职者的优质信息，可能是初级求职领域最好的网站。

www.collegejobboard.com

初级职位的最佳求职网站，包含各行各业的工作。

www.collegerecruiter.com

由《华尔街日报》（*Wall Street Journal*）主办，是一个适合初级职场人士的有见地的网站，资源丰富。

www.collegerecruiter.com

该网站是大学生和有三年以内工作经验的应届毕业生访问最多的网站，是一个成熟的综合性网站。

www.engryleveljobs.net

1999 年建立的网站，网站上有招聘帖，不过很多都过时了。

www.graduatingengineer.com

一个适合工程专业和计算机专业毕业生的求职网站。

www.internshipprograms.com

适合找实习机会的优秀网站。

www.snagajob.com

该网站提供兼职工作和计时工作。

大学就业和校友联络

www.utexas.edu

通过该网站，你能找到大学校友群的资源。

少数群体网站

http://janweb.icdi.wvu.edu

就业再设计网站，适合残障人士的门户网站。

www.twolingos.com

需要使用双语的工作的网站，包括美国和全世界各地的职位。

www.blackcollegian.com

服务黑人大学生和应届毕业生的第一家网站，为年轻的职场人士提供有益且合理的建议。

www.christianjobs.com

重点关注基督教社区工作的功能齐全的就业网站。

www.diversitylink.com

为女性、少数族裔和其他多种人才提供服务的求职网站。

www.eop.com

美国最早的少数群体招聘出版物的网络版，服务于女性、少数族群成员以及残障人士。

www.experienceworks.org

该网站为 55 岁及以上年长劳动者提供培训和就业服务。

www.imdiversity.com

为非洲裔美国人、亚裔美国人、西班牙裔美国人、美洲原住民以及女性建立的网络社区的一个网站。该网站不提供职位或公开的职业建议，但为少数族裔群体成员提供很多影响他们生活的问题链接。

www.latpro.com

为南北美洲说西班牙语和葡萄牙语的职场人士提供就业资讯的最佳网站。网站提供英语版、西班牙语版和葡萄牙语版，还有简历库和职位库。

管理类职位网站

www.netshare.com

该网站在有长期管理职位的网站出现之前就存在了，切实关注并理解处于工作转换期的管理层人士，提供职位库等资源。

www.careers.wsj.com

由《华尔街日报》主办，具有各种最新功能，是一个优秀的管理者跳槽网站。

www.chiefmonster.com

这个网站的目标用户是经理人，提供各类招聘启事，不过很难和其他类似网站区别开。

www.execunet.com

适合经理人的最佳网站之一（其他网站包括 Netshare、6 Figure 和 WSJ 网站），提供职位库及其他资源。网站创建者戴夫·奥普顿（Dave Opton）长期在线，并通过其个人日志发表有趣的看法。

www.futurestep.com

光辉国际（Korn/Ferry）咨询公司是主办该网站的猎头公司，你可以把简历放入其简历库中，这对你来说有利无害。

www.spencerstuart.com

知名猎头公司史宾沙管理顾问公司建立的经理人网站，你可以把简历放入其简历库。

www.theladders.com

该网站和其他大多数经理人网站类似，需要付费使用。优质的工作机会和积极的营销举措让这个网站颇具竞争力。

找到公司

www.flipdog.monster.com

www.corporateinformation.com

在该网站上，除了获得以字母顺序排列的超过 20 000 家公司的信息，你还可以研究一个国家的行业或者研究美国的一个州。此外，如果你注册为网站用户，你还可以上传公司的资料。在地址栏目，你可以看见公司主页的链接。

www.zoominfo.com

www.goleads.com

www.google.com

www.infospace.com

www.searchbug.com

www.wetfeet.com

通用求职网站

www.flipdog.monster.com

www.hotjobs.yahoo.com

www.4jobs.com

www.americajobbank.com

www.bestjobsusa.com

www.career.com

www.careerboard.com

www.careerbuilder.com

www.careerhunters.com

www.careermag.com

www.careers.org

能为求职提供丰富信息的一站式网站。

www.careershop.com

www.careersite.com

www.employment911.com

www.employmentspot.com

www.jobcentral.com

www.job-hunt.org

为求职和职业管理问题提供详尽建议的绝佳网站。

www.job.com

www.jobbankusa.com

www.jobfind.com

www.localcareers.com

www.monster.com

www.nationjob.com

www.net-temps.com

www.quintcareers.com

适合少数群体求职者的职业、就业和职位资源

www.snagajob.com

www.sologig.com

www.summerjobs.com

www.topusajobs.com

www.truecareers.com

www.vault.com

www.wetfeet.com

www.worklife.com

招聘启事搜索网站

www.indeed.com

www.jobbankusa.com

www.jobsearchengine.com

国际网站

www.ukjobsnet.co.uk

英国求职网站，在全英国找到职位空缺的最简便方式。

www.4icj.com

www.careerone.com.au

www.eurojobs.com

www.gojobsite.co.uk

www.jobpilot.com

www.jobsbazaar.com

www.jobserve.com

www.jobstreet.com

亚太地区排名第一的求职网站。

www.monster.ca

专业招聘网 monster 的加拿大站。

www.monster.co.uk

专业招聘网 monster 的英国站，英国排名第一的求职网站。

www.overseasjobs.com

www.reed.co.uk

www.seek.com.au

澳大利亚排名第一的求职网站。

www.stepstone.com

www.topjobs.co.uk

www.totaljobs.com

www.workopolis.com

加拿大排名第一的求职网站。

招聘会信息

www.careerfairs.com

这个网站是最快的且能一步到位获得当地即将举办的招聘会以

及雇主信息的网站。有时，你甚至能找到你理想的和你希望应聘的具体职位信息。

www.skidmore.edu

网络社交网站

http://network.monster.com

http://socialsoftware.weblogsinc.com

这个日志网站上保存了数百个网络社交网站的综合列表。你如果想查看所有可用的网络社交渠道，那么应该先去这里。

www.40plus.org

该网站包含各类组织分会的联系信息。

www.alumni.net

www.distinctieweb.com

www.zoominfo.com

该网站能够帮助你找到人脉和公司。

www.execumnet.com

一个职场人士的广泛网络，你可以在这里与用户互动、寻求建议和支持，甚至通过本地网络社交会议得到职业提升。要想找到你附近的本地会议（美国和全世界），你可以查看网站上“networking”栏目下的内容。

www.fiveoclockclub.com

全国性的职业咨询网络。

www.rileyguide.com

www.ryze.com

这个网站帮助人们建立联系并扩充人脉。你可以通过关系网增长业务、开创事业、寻找工作。你还可以加入与你所在行业相关的免费人际关系网。

www.tribe.net

www.linkedin.com

报纸的网站

www.newsdirectory.com

通过该网站，你可以查看报纸（全球）的链接。

特定职业的网站

广告、公共关系和平面艺术

www.adage.com

www.adweek.com

《广告周刊》(*Adweek*) 网络版。

www.amic.com

广告媒体的网络中心。

www.creativehotlist.com

航空航天业

www.avcrew.com

www.avjobs.com

农业和园艺业

www.agcareers.com

www.fishingjobs.com

www.hortjobs.com

广播、传播和新闻业

www.b-roll.net

www.cpb.org

公共广播公司。

www.crew-net.com

www.telecomcareers.net

www.womcom.org

网络通信业的女性从业者协会。

商业、金融和会计业

www.accounting.com

www.bankjobs.com

www.brokerhunter.com

www.businessfinancemag.com

www.careerbank.com

www.careerjournal.com

www.cfo.com

www.financialjobs.com

传播艺术业

www.prweek.com

《公共关系周刊》(*PR Week*)。

教育业

www.aacc.nche.edu

美国社区大学协会。

www.academic360.com

www.academiccareers.com

www.chronicle.com

www.higheredjobs.com

www.petersons.com

www.phds.org

www.teacherjobs.com

www.ujobbank.com

www.wihe.com

该网站为高等在校女性提供实用的想法和见解。

工程业

www.asme.org

www.chemindusry.com

www.engineeringcentral.com

www.engineeringjobs.com

www.engineerjobs.com

www.enr.com

《工程新闻报道》(*Engineering News-Record*)杂志。

www.graduatingengineer.com

www.ieee.org

www.mepatwork.com

www.nsbe.org

黑人工程师的全国性社团。

www.nspe.org

职业工程师的全国性社团。

http://societyofwomenengineers.swe.org/

娱乐、电视和广播业

www.castingnet.com

www.entertainmentcareers.net

www.showbizjobs.com

www.themeparkjobs.com

www.tvandradiojobs.com

www.tvjobs.com

医疗保健业

http://allnurses.com

www.healthcaresource.com

www.healthjobsnationwide.com

www.hirehealth.com

www.jobscience.com

www.mdjobsite.com

www.medcareers.com

www.nurses123.com

护士可以通过这个网站找到全国范围内的护理工作。

www.nursingcenter.com

www.nurse.com

www.physemp.com

人力资源业

www.hrjobnet.com

www.hrworld.com

www.jobs4hr.com

www.shrm.org

信息技术和管理信息系统

www.computerjobs.com

www.dice.com

www.gjc.org

www.mactalent.com

法律业

www.emplawyernet.com

www.ihirelegal.com

www.law.com

www.legalstaff.com

www.theblueline.com

非营利性组织

www.execsearches.com

www.idealist.org

www.naswdc.org

www.nonprofitcareer.com

www.opportunityknocks.org

房地产业

www.realtor.org

招聘网站

www.kellyservices.com

www.kornferry.com

www.manpower.com

www.napsweb.org

求职者可以通过该网站按照地区、行业或者个人来搜索在线名录。一定记得找有注册人事顾问（CPC）资格的猎头，这样的人不多，但是最棒的。

www.randstad.com

www.recruitersonline.com

www.rileyguide.com

www.snelling.com

www.spherion.com

www.staffingtoday.net

在该网站上，按照地区、技能和你所需要的服务类型搜索数据库（临时、长期、专业），你能够找到你所在地区的就业服务公司有哪些。

www.therecruiternetwork.com

背景调查

www.allisontaylor.com

公司查询

www.bls.gov

www.fuld.com

www.newsdirectory.com

www.quintcareers.com

该网站提供公司职业中心的核心目录，为调研公司、各个行业和国家提供指南。

www.thomasregister.com

www.vault.com

该网站有助于你进行公司调研。

www.virtualpet.com

该网站能够教你如何了解关于一个行业或一个具体公司的信息。

创建简历

Knockemdead.com

电子邮件：martin@knockemdead.com

www.phoenixcareergroup.com

http://certifiedresumewriters.com

www.parw.com

发放简历

www.resumemachine.com

零售、酒店业和客户服务业

www.allretailjobs.com

www.chef2chef.net

www.chefjobsnetwork.com

www.coolworks.com

www.hcareers.com

www.leisurejobs.com

www.resortjobs.com

www.restaurantrecruit.com

www.supermarketnews.com

薪资查询

www.jobstar.org

www.salary.com

www.salaryexpert.com

销售和市场行业

www.careermarketplace.com

www.jobs4sales.com

www.marketingjobs.com

www.marketingmanager.com

www.marketingpower.com

www.salesheads.com

www.salesjobs.com

科学、化学、物理和生物行业

www.biospace.com

www.bioview.com

www.eco.org

www.hirebio.com

www.medzilla.com

www.microbiologistjobs.com

www.pharmacyweek.com

远程办公

www.homeworkers.org

www.jobs-telecommuting.com

www.tjobs.com

通信详情

如需更多信息，你可以把你关于“终极求职系列”的建议和问题通过我的网站 knockemdead.com 发送给我，或者发电子邮件到 martin@knockemdead.com；

或者写信寄到

Martin Yate

c/o Adams Media

57 Littlefield Street

Avon，MA 02322。

祝你的求职之路以及职业生涯一切顺利！